程兆熊作品集 10

九十回憶

程兆熊 著

多年不作還鄉計，行腳終因故里停，
莫道暫停無故里，我家山色夙青青。

程兆熊先生《九十回憶》出版面世緣起

程師《九十回憶》的出現與面世，是偶然也是必然。憶約四年前，大陸推廣儒學的年輕學者清和兄，經創辦唐君毅研究所的何仁富兄之介紹，與我連上了線，向我詢問程師的著作。清和兄關注當代新儒家，看昔日新亞書院王道先生主編的《人生雜誌》而注意到被忽略的程師兆熊，他讀程師之作深受感動，想進一步收集程師之書。

除了放在家裡的書，我從我學校研究室裡的三、四面書牆著手翻找程師之書。想不到才剛開始一下子，被前面一排書擋住而藏在一堆資料中的一本影印稿，赫然出現眼前，上面寫著斗大的四個字——九十回憶，署名程兆熊著。慚愧得很，我早已忘了我有程師這本手稿影印書，且竟然想不起來我這本書當初是怎麼來的；更汗顏的，裡面沒劃過一線、圈過一字，似乎原封不動，顯然未讀。

我得到報應了，這本未出版的手稿影印書，一定是當初程師親手送我的，而我竟然沒有好好拜讀，就因此錯過了在程師生前對他這位學術與實踐的巨人之進一步了解和深入請教，又許多我們關心的學界歷史大事也無由向他討教了。而那年農曆除夕夜，我與奮地趕著拍照部分該書稿以傳給清和兄，大年初一竟昏眩不能起，三天始癒。所幸，因發現此書，不敢怠慢，掃描影印拜讀。直覺程師宛若北宋理學家邵康節、周濂溪再世，而其學融科學、園藝、文學、美學、儒道禪於一爐，返歸山水田園與性情之教，付之具體實踐。就在感發之下，時值南華大學邀請的研討會，我臨時變換了論文題目，改寫有關程師的主題，就名〈從當代新儒家程兆熊《九十回憶》看其襟懷與性情之教〉。雖倉促之間不成完整之文，但卻因此中華出版基金會的李惠君女士才會搜尋到我，而與擬出版程師全集的華夏出版公司簡澄鏞先生一起和我在臺北見了面，也因此而有往後一道推動程師之學的一連串因緣，此書之出版面世也就必然了。

出版編排時，華夏簡總細心地隨文所提著作或情境，加入相對應的程師書籍封面，以增強親切感和引發閱讀心。而書名原則上皆改用或加增現代書名號《》；明顯的筆誤改之，有疑處或加簡單案語，漏字加增〔〕而補之。另外，最後一節〈谷與嗇〉中依上下文，本應有程師〈在颱風中憶（問）鵝湖〉一長詩而未見，請參2022年華夏版《憶鵝湖》之附錄6。

又此回憶錄從程師虛歲八十三下筆至九十歲完成，自題《九十回憶》。時程師已離文大農院之職，而在哲學系哲研所開設禪學與儒道二家，正中其下懷。長居紗帽山下之華岡宿舍，凌晨三時即起，披星戴月爬山，日復一日，實實在在返歸山林自然，而春風化雨，踐行性情之教。於此，其回憶整個動盪大時代裏一生之根源薪傳、師友理想與具體踐履。我們看到的主要不是大歷史中莫可奈何被擺渡的命運，而是一個中國文化精粹傳統裏，融貫儒釋道之性情之教中的眞人儒者，不論如何顛沛流離，不管地處天涯海角，其知命、立命以承擔天下斯文、拯民救國，死而後已的典範。終歸乎「人不知而不慍」、「君子無入而不自得焉」之「義命合一」、「天德流行」的大自在境界，而天長地久。

蘇子敬　誌於嘉大中文系2023.1.14

開天闢地而歸家安坐，郁郁乎文哉

程先生一生筆耕不輟，不只以文救國，亦以身報國。先生談人物是用情與史去抒，寫山川是用考古去談景與象，每每閱之猶如隨行，又如入浩瀚。鑽研程兆熊先生等同於窺見了民國的訓政與憲政之軍事救國與文化建國的歷程，更可以了解抗日戰爭及二戰前後的中國與世界，並得以知曉二十世紀與二十一世紀之交的時代人文與科學，甚至可以追溯至十九世紀世界文學與中國先秦文化之淵深流長。一個人，儼然是一部現代史，除了是時代所造就之外，非得是那個人的生命足夠豐厚、思想足夠深廣、對社會國家貢獻之可見之性情者，方可以是，程兆熊先生即如是也！誠然是一「開天闢地」者，亦爲一「歸家安坐」者。

讀先生之《九十回憶》，可以像看小說和欣賞詩篇一樣，一路隨主人翁的歷練去遊歷程先生的傳奇一生並共吟山川；也可以像我一樣產生好奇且喜愛，進而去整理、對讀並研究程先生多采多姿的生命底蘊裡的事故。最起先我以爲著程先生是與錢穆先生和唐君毅先生一起由大陸去到香港的，研讀先生書，才知道非也。後來因爲程夫人姓譚，又是湖南人，便有人要對我說譚傳徽女士是譚延闓院長的女兒，我便找了許多的資料，無法證明此一說法，最終決定問遠在美國的程明琤女士，程明琤女士即程先生掛於嘴上的長女琤琤，明琤教授告訴我：

歷史上湖南曾有過不少官宦世家。我母親是兩個世家聯姻的後代。她母親張孝筠是清末大臣張百熙的長孫女，父親是譚文敬公（譚沖麟）和元配陳太夫人嫡傳長孫（譚伯咸）。譚傳徽是張孝筠與譚伯咸嫡生長女。

於焉，我更不再道聽途說，非得要弄個水落石出，但畢竟程先生已仙逝二十一年半有餘，即便我找到其後代子孫與學生，亦多所不知而無從問及，尤尙有諸多晚年著作未得可見，知終將會有諸謎不可解矣。由程先生文字，可知其豐沛人際與經歷，更得見其深厚學養，不禁爲之傾倒，發現程先生一生之有趣、有謎、有識，乃對程先生之學、之友、之事、其思其遇其願等，或又有了我個人對已逝父親之寄情作用，產生了欲解密程先生之想，遂起念編起程先生之年譜與人物譜。在蒐集程先生相關資料時，挖掘到眾多程先生在一九四九年之前未被戰火或文革燒毀破壞的寶貴資訊，便有了更多對程先生同情的了解，更燃起一願：希可解其憾、還其願。我對程先生之敬愛，一如林語堂先生寫《蘇東坡傳》時之「歸根結底，我們只能知道自己眞正了解的人，我們只能完全了解我們眞正喜愛的人」。那麼，我唯有先解密前半生之程兆熊先生，再組織後半生之程先生，方可將其年譜與人物譜編撰完整，故轉而先類抄整理一九四九年之前程先生所發表過的文章，並編撰先生當時之身份與時代背景，由於資料龐大，尚需時日方可完成。

程先生總是能「走通了一條路」，不論是在南京辦報，或是出國留學，乃至歸國抗戰辦報辦校，在香港臺灣從事教育及農業科學等，處處皆可見程先生人脈智識之廣博與知行合一之量能，其堪稱「郁郁乎文哉」！誠由蘇子敬教授推薦，華夏出版簡先生邀我寫一序，末學實惶恐，然不願失去於此書面世之際缺席，便欣然受命。於此，末學僅以一己之所知，以有限之篇幅，不談及出處與佐證，亦不談其人物交往與著作，惟極簡如次作一程先生生平事蹟之概略，希可供讀者閱此書時有所可以參照程先生之時序：

童年與少年——

先生生於清光緒三十三年（民國前五年），即一九〇七年九月二十二日。

先生七歲 始入私塾，受邵子固先生啓蒙讀經，從郭雨化先生學老子，由父親教算術。

先生十歲 就學於貴溪象山小學，十三歲讀南昌第二中學共六年。

青年與成年——

先生十九歲 民國十五年（1926）入廣州中山大學物理系，同時加入國民黨，伊始即常常發表關於革命之文章。

先生二十歲 民國十六年（1927）任《黃埔生活》與《黃埔週刊》編輯股長兼政治教官。

先生二十一歲 民國十七年（1928）隨軍參與清黨之戰，爾後因學校停頓導致休學乃浪遊一年並返家、參加廬山暑假教員講習會；秋時復學中山大學物理系。

先生二十二歲 民國十八年（1929）〈哭玄武湖裏的亡友——熊敦〉乃作於一九二九年二月二十一日於廣州石馬崗；轉園藝系。

先生二十四歲　民國二十年（1931） 國立中山大學第五屆農科畢業，取得農學學士學位，旋即前往南京與家人聚；發表於何畏先生所創辦的《世界大勢》之〈黃帝的子孫〉，詩首書寫：「祝世界大勢創刊並——給入寇與拒寇者」的長詩，落款時地爲：1931,11,28夜於金陵臥榻。

先生二十五歲　民國二十一年（1932） 三月一日，三民主義力行社組設，爲力行社之基本社員；七月於南京創辦國際譯報社，繼開設國際書局，隨即於上海北京均設分局。刊物有《國際譯報》、《國際情報》及副刊《小國際》，出版《國際譯叢》，親寫國際人物傳記叢書編譯旨趣等。

先生二十六歲　民國二十二年（1933） 邀唐君毅先生任《小國際》主編，自此相識而成好友；十月十日雙十節與譚傳徽小姐結縭，隨後與許思園及唐君毅君結伴南昌行營謁見蔣委員長。

先生二十七歲　民國二十三年（1934） 五月夫婦同往法國巴黎，七月至年十二月就學於法國國立園藝學院（一名爲凡爾賽園藝學院），取得園藝工程師。

先生二十八歲　民國二十四年（1935） 十二月入法國巴黎大學，同年四月大兒子程明雍出生，於一九三八年一月取得法國巴黎大學文科博士學位。

先生二十九歲　民國二十五年（1936）於巴黎為許思園做媒；生長女程明琤。

壯年——

先生三十歲　民國二十六年（1937）二兒子程明憲出生；年底歸國，乃為抗日戰爭從軍報國。

先生三十一歲　民國二十七年（1938）任中央軍事委員會戰時工作幹部訓練團主任教官至民國二十八年二月，期間曾任軍委會戰幹第一團代總教官，並於武昌創辦自強日報社任社長並附設抗戰宣傳劇團。

先生三十二歲　民國二十八年（1939）四月前往重慶出任中央訓練委員會視察專員，第一次視察西南與東南各省；四子（三兒子）程明怡出生。

先生三十三歲　民國二十九年（1940）三月十日上書陳誠（時任軍事委員會政治部長）「建議設立中國哲學研究所」以樹立社會文化重心，並舉薦主持人選為熊十力先生；第二次視察東南西南八省。

先生三十四歲　民國三十年（1941）夏調派至第三戰區主持文化設計委員會，出版前線日報副刊《文化講壇》旬刊及創辦《文報》；八月由上饒信江農業職業學校聘為農場主任兼農業講話專座；九月三十日於二次大戰期間，以科學家成員身份發表論文〈儒家學說與國際社會——戰後人類精神及世界文化與文明之改造〉（其時出版編者：「英國科學協會本屆年會，即曾注意到戰後人類精神及世界文化和文明的改造問題，並且電請我國科學家發表意見，作者以中國科學家一員的資格，應英國科學家的請求，把他的意見寫成大綱，並成了這篇文章。」），當時刊載於《文報》第二號，並由上饒的文化叢書社出版（一九六〇年在香港重印出版的才名爲《儒家思想與國際社會》），隔年方刊登於《理想與文化》創刊號，並於一九四四年分二文刊載於《中國文化》季刊。

先生三十五歲　民國三十一年（1942）九月至十月於中央訓練團黨政班第二十一期修畢；十月一日正式辭去軍事委員會中央訓練委員會專員；出任川滇公路特別黨部主任委員，協助接收滇越鐵路。與唐君毅先生等合辦《理想與文化》月刊於十二月創刊，初期編輯設於重慶及成都，後隨程先生之移動由昆明乃至江西鵝湖。

先生三十六歲　民國三十二年（1943）春時與江西地方士紳共商創設信江大學；五月十四日以川滇特別黨部書記長身份帶領官軍學商各界歡迎司令長官陳誠視察雲南；於昆明與吳宓先生商辦《曙報》，業已規劃週刊與報刊，惜終未辦成；滇越鐵路由法人手中收回後，夏秋之際與離職的黃維先生攜手歸田省親；冬時與地方人士共同發起改組信江農業職業學校。

先生三十七歲　民國三十三年（1944）主持第三戰區文化運動委員會，出版《中國文化》季刊；任青年軍政治工作指導委員會軍簡二階專任委員；東南青年從軍發動人之一並任東南訓練團團部訓導處處長；五子（次女）程明瑤出生。

先生三十八歲　民國三十四年（1945）任江西省黨部執委；春正式成立信江農業專科學校出任校長（四月十五日舉行招生考試，五月四日舉行開學典禮）並出版「信農校刊」；發行《知識青年》半月刊。

先生三十九歲　民國三十五年（1946）信江農業專科學校正式立案並搬遷至鵝湖書院，承青年軍官管理處委辦青年農專訓練班共六百人；擔任東南農林墾殖場場長。

先生四十歲　民國三十六年（1947）信江農專第一屆農藝科學生畢業；九月承辦國防部青年復員管理處委託訓練青年農業班四百餘人；邀唐君毅至鵝湖書院講學，隔年邀唐先生擔任訓導主任；接受牟宗三先生建議重振鵝湖書院，牟先生及友人同撰《江西鉛山鵝湖書院緣起暨章則》。

先生四十一歲　民國三十七年（1948）為信江農專申請成為中華農學會團體會員；所創辦之《理想與文化》和牟宗三先生所辦之《歷史與文化》合併而成《理想歷史

文化》，由鵝湖書院發行。

先生四十二歲　民國三十八年（1949）努力二年餘信江農專終獲改制爲信江農學院（民國三十七年冬），爲辦理改制手續欲前往南京，途經上海，終乘軍機飛抵臺灣岡山。

中年與晚年——

先生四十二歲　民國三十八年（1949）六子（四子）程明熹出生；冬與錢穆及唐君毅等先生於香港創辦亞洲文商學院（一九五〇年三月改組易名新亞書院）。

先生四十三歲　民國三十九年（1950）舊曆臘月妻與六子由上饒轉長沙來港相聚。

先生四十四歲　民國四十年（1951）五月十日遊香港返回臺灣，任臺灣省立農學院（今中興大學）教授兼教務處主任。

先生四十五歲　民國四十一年（1952）三月大姊逝世；八月父親仙逝；

先生四十六歲　民國四十二年（1953）參與耕者有其田聯合督導團，考察臺灣縣市鄉鎮一百七十二處並訪問農民五百家。

先生四十七歲　民國四十三年（1954）擴充臺灣省立農學院（今中興大學）園藝

組為園藝系並任創系系主任。

先生四十八歲　民國四十四年（1955）為中國留法比瑞同學會會員；帶領臺中農學院師生做臺灣中部山地園藝資源調查；任中國園藝學會監事。

先生四十九歲　民國四十五年（1956）帶領臺中農學院師生做臺灣宜蘭山地園藝資源調查。

先生五十歲　民國四十六年（1957）帶領臺中農學院師生做臺灣花蓮山地園藝資源調查；請牟宗三到中興大學恢復「人文友會」。

先生五十一歲　民國四十七年（1958）帶領臺中農學院師生舉辦「橫貫公路沿線園藝資源展覽」之臺灣山地園藝資源調查成果巡迴展；爭取經費建造臺灣省立農學院園藝系之園藝館；建造臺灣南投縣仁愛鄉霧社北東眼大山山地實驗果園（農業界稱程先生為「台灣蘋果之父」）；兼任東海大學中文系《論語》教授；任臺灣大學農學院客座教授，開設山地園藝講習班；為石門水庫風景建設設計；中國園藝學會五屆及六屆理事。

先生五十三歲　民國四十九年（1960）一月六日由臺灣飛抵香港，任新亞書院訓導長（1960~1962），專任教授經子與文學（英制之高級講師）；與唐君毅先生等共同發起建立於華盛頓之「世界六大宗教了解堂」計畫。

先生五十五歲　民國五十一年（1962）東方人文學會創始會員。

先生五十六歲　民國五十二年（1963）始任香港中文大學新亞書院中文系主任，至一九七三年退休。

先生五十八歲　民國五十四年（1965）十一月八日母親仙逝。

先生六十六歲　民國六十二年（1973）年五月六日返臺，受農村復興中美聯合委員會（今農委會）之邀作臺灣落葉果樹生育狀況及生產成本調查之總領隊（至一九七四年，歷時約一年半）。

先生六十七歲　民國六十三年（1974）任中國文化學院（今中國文化大學）園藝學系主任暨實業計劃研究所農學組碩士班主任。

先生七十一歲　民國六十七年（1978）於臺北松山機場接唐君毅先生骨灰並安葬於臺北，三月十二日於臺大法學院禮堂主持唐君毅教授追思會；任中國文化學院（今中國文化大學）實業計劃研究所農學組博士班主任。

先生七十三歲　民國六十九年（1980）任中國文化大學農學院首任院長。

先生七十四歲　民國七十年（1981）指導留校任教之文化大學實業計劃研究所農學組博士班吳梓先生創辦造園暨景觀學系。

先生七十八歲　民國七十四年（1985）十二月至一九八七年三月中華民國造園學會第一屆監事。

先生八十二歲　民國七十八年（1989）於中國文化大學哲學系研究所教授禪學與儒道。

先生八十八歲　民國八十四年（1995）返江西故鄉拜墓。

先生九十二歲　民國八十八年（1999）三月赴美國加州旅居。

先生九十四歲　民國九十年（2001）五月七日逝世於美國並安葬於灣區屋崙之山景墓園。

程先生家鄉年齡算法爲出生即一歲，因入學乃以實歲計，故按實歲表之。末學資訊仍有不全，尚可能存誤，祈先進師長不吝指正爲盼。

李惠君 2023.01.08臺北大稻埕

目次

第二編　山川草木外，哀樂憶中年

第三編　華岡翠谷中，天長與地久

第一編

老大憶雙親，兼懷少小事

（一）前言

我今年按照家鄉的算法，一生出來，就算一歲，已是八十三歲了，很快就會是一個世紀。但仍然像是朱舜水造園在異國，又像是管幼安至老不言歸。只是老大憶雙親，又何能免？兼懷少小事，亦所應當。

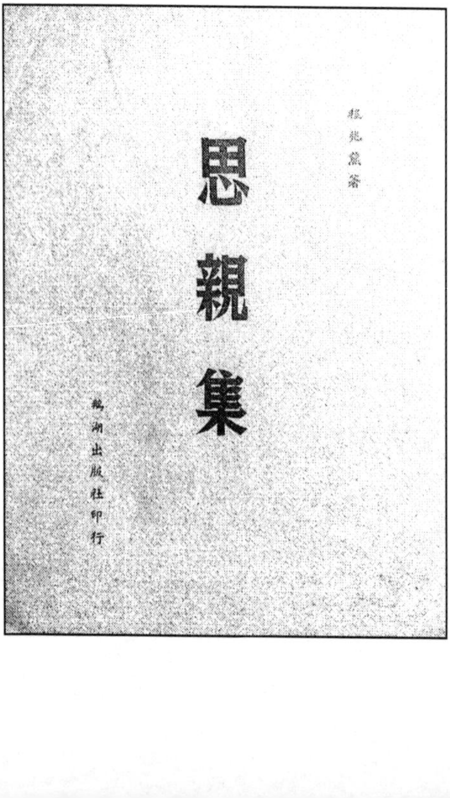

（二）百丈嶺邊三板橋

我出生之地，是在一個名叫三板橋的村莊裡。橋下當然是溪水，曲曲折折，並且環繞村舍，又穿過村莊。若說水源頭，那就是百丈嶺。百丈嶺和百丈山是兩回事。百丈山是在江西奉新縣西北四十里，宋王存《九域志》稱其「危泉飛下千尺，又名大雄峰」。在禪宗中，更有「獨坐大雄峰」之句。不過這百丈嶺位居古饒州府與廣信府之間，乃在貴溪縣、萬年縣與德興縣之交界處，

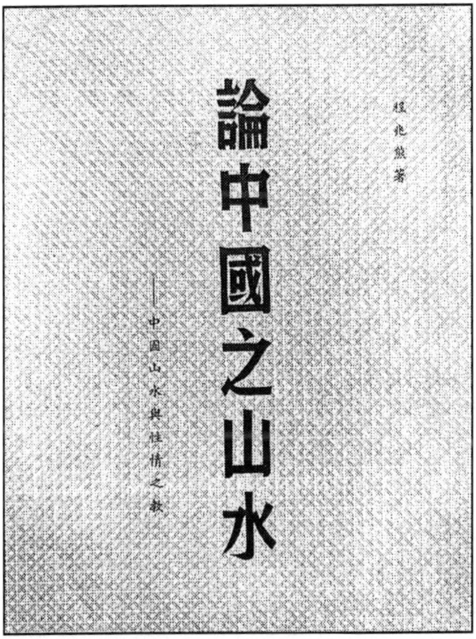

乃靈山之一大支脈。上面的水源，被稱爲大河源，旁有一村亦稱爲大河源，村旁更有圓明寺，懸明成祖之題字。形勢似過於大雄峰。此在我所寫《論中國之山水》一書中，曾有更詳細之描述。

我出生的房子很大，是一個四合院，門前正對溪水，更見遠山。北伐成功後，在第一次動亂中，第一次被焚毀。亂平後，另築小屋於更高處，惟在抗日戰爭時，又被一毀再毀。最後連茅屋亦無。我有一次由上饒步行千餘里，路過三板橋，曾停留一晚，便去鄱陽、餘干一帶。再步行千餘里，回經三板橋時，又曾一宿。遂題三詩：

1. 多年不作還鄉計，行腳終因故里停；莫道暫停無故里，我家山色夙青青。
2. 山中覓得圓明寺，山下還留劫後墩；溪水兩旁都是路，重來誰識舊時春？
3. 亂離不是尋常事，一夜風吹陌上塵；慚愧今朝歸故里，後人無以慰先人！

（三）三板橋頭山裡外

三板橋村中，全是程家的人，據其族譜所載：是來自安徽的歙縣。最初來定居的被尊稱為天丁公。在歷代子孫中，有所謂二十四天王，是名滿山裡山外的壯士。但在村中過年節時所懸之燈籠上，卻寫著「理學世家」四個大字。當然不會是程咬金之後。

我的大伯是進士，我的二伯很會經營，我的叔父儀表堂堂，孔武有力，都獲祖父母寵愛。但祖母早逝。我父深受當時維新思想之影響，不肯參加科舉，反而參加同盟會。祖父遂將其逐出家中，他亦欣然遠走他方。而我母則攜我輩搬住附近村莊內，我則常住外婆家。我小時，幾不知有父；我母來外婆家，我最初亦是躲在床底下。我的二母舅當時尚未外出，亦有新思想，曾剪去我頭頂上之小辮子，並將我抱去屋後之山坡上。不久之後，二母舅復去上海，並擬遠走南洋。乃終逝世於上海，並由我父運回其棺木。適我祖父亦已逝世，我家大小，方重聚於三板橋之老家中。我和大姊才開始成為三板橋的人。其時二姊早夭，另有一妹，名弄金，則逝於搬住之石門張家村內。

我們在三板橋四合院居住後，不久又添了一個妹妹叫做根根，身體很弱。我記得有一次，母親給她穿了一件好衣，她很高興。可是第二日晚上，她就夭折了。她還不會走路。隨後，我母親更生了二個弟弟，一名弄斧，夭折，一名百川。又生了一個妹妹，名叫有滋。這時，我的父親又遠行了。我這時已是讀私塾了。第一年在附近的江村，老師是邵子固先生。第二年在村內祠堂，老師是郭雨化先生。第三年在外婆家，是父親教，他教了我的算術。他遠行時，也帶我步行了六十里路，進貴溪縣城內象山小學。那是在陸象山書院內。我那時是十歲，在秋季入學。但在春季末，有一次母親發現我腹部有一硬塊，等我睡了，她暗中啼泣。但不久我就忽然痊癒，以後就從來未病了。這時，我母見我行走，並爬鎮頭山去山外，離開山裡，很是歡喜。關於鎮頭山，我在《論中國的山水》一書中，亦曾論及。

（四）鎮頭山，石門，門上

由三板橋至我外婆家，須先經江家村，至河上溪村；更經石門村，高門村，至門上村。門上是在鎮頭山陰。乃我外婆的家中。我的外公很早就逝世，是位武舉人，吃大煙，我未見面。但知他兄弟三人，他當家。目前的房子有三進，三大廳。一排一排的在鎮頭山山坡上。兩邊是大竹園，旁有一深而闊的泉水井，家門正對深井。屋後一排，又是大竹園。再上去，是一片楓樹林。我的二舅母當家，是附近丘家村的人，生有一女，比我大一歲。我的大舅好賭博，大舅母常在娘家。我的外婆在這時已快六十歲了。當我父把我的二舅屍體，由上海乘木船運回家中，並安葬以後，外婆帶我同睡，總是夜夜哀泣。她於是吃長素了。

我父母為看顧外婆，也在外婆家住了很久，我因此得在父親那裡讀了一年書。我有一次捉了一條蛇，父親大大的打了我一頓。又有一次釣了一隻石斑魚，便不再捉蛇了。

我這時在外婆家，總是表姊照顧我。我母則照顧外婆，並陪她吃長素。我對外婆家裡的事和人，記憶得更清楚，至於在石門張家的情形，則幾乎一點都記不起來，只記得母親常常說金妹未逝前，十分乖好。

另外，在江家村居住時，我開始入學讀書，給我發蒙的老師邵子固先生，我永不能忘。我記得在開學時，第一天逃入一片荷樹林中，被母親追回後，便不再逃學。那時，我的大姊也和我一起上學。我們是同住我母親的堂妹家中，她是我的三外公的大女兒，嫁給江府。我們是在那裏獲得我祖父逝世的訊息，連夜趕去三板橋的。

祖父平生，似只在山裏，不知山外。我僅知人背後稱其爲土地公，活了七十歲。晚年住在二伯伯家大門口一間小房中，吃飯又在房中。並無何病痛，就逝世了。墓地是在百丈嶺的半山上，可以望到一層一層的遠山，形成了一關又一關的阻隔。

（五）松樹林和楓樹林

三板橋，頭一橋是一座石橋，橋的上方，有一水垻，其旁有一股小流，流入村莊中，又流出村莊外；用作飲水，又用作灌溉。而石橋之下，則是一股巨流，可以遠遠流入信江，以轉入鄱陽湖。石橋之一端，又有幾戶人家。據云：我的大伯父常來此。他有科舉名，當是特來閒吟。但他六十歲時，已逝世了。由此石橋，沿山路而上，是一片松林。我分明記得：當我赴南昌入第二中學時，我父曾親自一人送我至此松樹林中，我堅決要他回轉家中，他回去了。於是我一人穿過松樹林，越過百丈嶺，走過萬年縣，夜抵鄱湖邊，隨後乘舟數日夜，終入校內。在舟中，自更念老母，尤念外婆在深夜裡，對逝者的哭泣。又在茫茫無垠的鄱陽湖上，亦正爲我父在運送舅父屍體時所必經。那是由上海入長江，逆流而上，至九江。復入鄱陽湖，至信江口；逆流而上，至餘江縣上岸；再扶靈步行六十里，始抵門上村中。乘的都是木舟。據父言：舟中除船夫外，並無他人。

船夫把舵。他在船頭。有一次，在月夜裡忽墮入水中，竟似有人托其復上船頭安坐。他亦不知何故？此誠不可思議。我母舅逝世於上海時，只三十歲。幸我父當時，亦是壯年。隱隱之中，各有天命。

在百丈嶺下的松樹林，正與鎮頭山陰的楓樹林，遙遙相對。當我在南昌第二中學讀到暑假，我急急回到那楓樹林下，轉至一個水井之旁，即進入外婆家，外婆已是病了。日夜哭泣，身體不支，醫藥自是無效。我母在旁，見我歸來，勉強歡笑。老者少者，只見病人呼吸急促，俱不知是患何病。我歸來，外婆呼吸稍緩，入夜，我睡在與外婆相連之一床上。不久之後，外婆終於逝世，但我總信其仍在呼吸。我隔床睡時，似聞其呼吸。我張眼時，又似見其在床帳外面，我毫無恐懼。迨入棺後，棺已封閉，猶聞棺內有聲。因此之故，我不是散步於屋後楓林中，我即坐聽於棺木之旁。棺木是停放在我睡房旁邊之一大廳中央。這時，我把我所聞之聲，告訴表姐，彼此自然都希望一個人會復活，但都知道逝者如斯，畢竟已逝。我的二舅母已另嫁他人，表姐後亦隨其母而他去。楓樹林之下，深井水之旁，儘管風仍飄飄，水仍滴滴。等暑假過去，我亦向南昌而去，繼續我的學業。我父我母，則回三板橋老家中，母親為報答其自己之母親，而吃報母齋，吃長素，終身念佛。我父則覺老來讀老書，讀詩書，反更有味。自一度墮入大江之中，仍能生還以後，其老友在政壇上，勸其作議會之議員，他堅不欲爲，並謂老友同志有飯吃，他也會有飯吃。他蟄居鄉間，用油桐種子，到處種油桐，他並且對我說道：「千桐萬桐，子孫不窮。」

時日易過，我不久也就中學畢業了。我父曾在法政專科學校畢業，他有朋友在武漢，很希望我考武漢大學，我母則希望我能在家談婚姻事。我那時心思雜亂，遂一人遠走天南，跑去廣州白雲山下。憶初次在上海，坐海船，過臺灣海峽，正大風浪時，我一點也不暈船，仍能吃飯思維，且飽觀海上景色。到廣州時，原想入軍校，但因已考上中山大學物理系本科，友人黃悟我兄極力相勸，要我學科學，替我交學費，我乃進物理系。我當時喜高談闊論，又喜寫文章，我在報章上暢論革命科學化、道德化，又論科學與道德革命化。得了些稿費，就作在校內的伙食錢，如果無稿費，就不吃飯。也不和家中通訊，家中亦不知我到何方。如此一年之後，我方回三板橋一行。到家時已是半夜。我在月下敲門，母親開門。臉色蒼白，心驚不已。久久才說道：「爲何不先寫一信來？你這麼久，究去何方？」我暗暗淚流，只是無語。隨後大家都明白了。

回家的第二日，父親特和我談起我的蒙師邵子固先生。邵先生和我父已是老友。他們談的是一位邵師妹的事。父親說：「她自有前程。」

我在家不久之後，便又去南昌，看以前中學的老師。正好那時廬山有一暑假講學會，我便又跑上廬山牯嶺參加，得見以前的老師不少。特別是一位物理學老師，他在南昌第二中學時，曾教我的化學，以後他留美，獲物理學博士，當時擔任中央大學物理系主任。他見我浪遊廬山，又是物理系學生，便邀我任其助理，想把我帶在身邊，加以培育。我當時竟不置可否。隨後，他返南京，我則和一新識友人楊蔭鴻君搬住太虛法師之大林寺，結織了不少法師。我穿僧服，但留頭髮，跑去牯嶺街，不是和尚，又不是道士，頗引人注目。有一次弘一法師之師兄弘傘法師來住大林寺，大家一起月夜遊廬山五老峰上之三疊泉瀑布，只我能隨弘傘法師爬登其上，並深夜而返。

不久之後，楊君竟入空門。我則一人赴杭州西湖住下。曾在西湖香山洞見到熊十力老先生在那裡養病。是時，我父之老友彭程萬將軍全家，亦住該處。熊先生稱彭將軍為兄，而彭世伯則對我說熊老先生可以為師。我由是於湖濱深思之餘，仍浮海南下，入中山大學。

（六）白雲山下珠海邊

我回到白雲山下，珠海旁邊，復入物理系，亦可說是戰陣歸來。前面我曾提到熊老先生，當時他有一隨從他的得意門徒名叫李笑春。他就是我在從戎時認識的友人。我騎戰馬，乘勝入湖南之耒陽城。他是耒陽人，乃號召耒陽民眾，歡迎我們的隊伍。這是偶然相識，但更偶然的是：我二人又在西湖重逢。我起初不知他竟會是熊老先生的門徒，而他則更不知道我會戎裝脫下。我因培我兄替我交學費進物理系，又寫文章，忽被黃埔軍校政治部請去做編撰股長，後又兼教官。隨後更轉入了部隊，開去湖南打仗，先進入了湖南郴州。在那裏，「郴江猶自繞郴山」，我認識了潘勛與張青兩位青年，參加軍民聯歡會，聽說以後都為國捐軀了。我到了耒陽後，因故更經過曹溪，到了韶關。所謂「曹溪一滴水」，我在其間，還泛了木舟。

在韶關時，我又遇見了一位小學時教我體操的丁老師，他在范石生部隊中任參謀長，他留我住了好幾天。眞幸運，等我回到廣州時，廣州的大暴動事件，就平息了。我暫時寄居在六祖剃度的光孝寺中。中山大學是停頓了。有些老師和同學都犧牲了。就這樣，我索性回江西老家一行，又去廬山西湖，作一浪遊。昔禪師有云：「時人見此一枝花，如夢寐相似。」今我此一浪遊，亦正如夢寐。現我又回到白雲山下珠海旁邊，我是重新入學了。

我重新入學，我肯定了很多，卻正因爲否定了不少。我看一本俄國的舊小說，名叫《灰色馬》，那裡的角色有一句話，說要決斷，才能明白。我曾以此詢諸熊老先生，他輕觸我首，說道：「不明白，如何決斷？」其實目前整個世界，就是不明白，才有決斷；否則，又何至有戰爭，有革命，又有暴動呢？一個人的決斷，要清明在躬。而全世界的決斷，亦正要清明在躬。徒然明白，又有何用？有的要明白，又要朦朧；有的要朦朧，又要明白。縱然有的更要明白，但終於有的更要朦朧。到這裡，只有如夫子所云「汝安則爲之」而已。就這樣，我這次決定復學後，就斷然由物理系轉入了農學院園藝系；而且由廣州市內的文明路，搬到廣州郊外的東山。我在東山住了一年，後又延長一年，這是因爲在理學院物理系二年的學分，有的不能計算，而園藝系一、二年的學分，有的則要重修之故。當時我有二位好友，一在東山，另一位則在廣州最富庶的西關，都是姓黃，人每戲稱爲東山黃與西關黃。眞使我永不能忘。園藝系主任是溫文光教授，也使我難忘。園藝系附近有高爾夫球場，有大學校長的公館，更遠處就是紀念七十二烈士的黃花崗，我都常和一位同室之友同去。這位室友姓戴名家齊。他的叔父是戴季陶先生，即當時中山大學校長，常住南京。其公館借給法學院何思敬院長居住。何院長和我很好，他原名何畏，乃當時創造社之詩人，學社會科學。他呼我爲李逵。他主張我去找一位封建式的女友。凡此等事，我都記得清楚。可惜好友家齊畢業後赴西康，已短命而亡。何先生以後在上海，曾獨力創辦《世界大勢》雜誌，還用我一長詩作發刊辭。迨我赴法國巴黎大學後，即不通訊息，存亡不知了。

我在我所著之《論中國之山水》一書中，曾論及白雲山稱：

「十九歲時我由百丈嶺下的故里，經西山廬山之下，順大江東去，至南京遊紫金山，明孝陵，玄武湖等之後，便又由東海而南海，到廣州見了白雲山。憶在廣州初登岸時，我即去海珠公園，置一己行李於不顧。幸友人代我看守，始未遺失。此後就學於上庠，更時去大新公司之天臺觀平劇，時一女劇人留長辮，因特函其剪髮。在校時，一教授之女友，被我笑走，人遂稱我爲李逵。……」

在白雲山下珠海旁逝去的亡友，永不能忘者，猶有大學物理系後轉哲學系的丘啓薰，又有校外的林妙常；另有黃埔軍校的劉炎，熊敦等。特別是熊敦，他正在其夫人生產之際，縱身入玄武湖內。那時我曾爲一〈玄武湖裡的亡友〉長詩發表於魯迅的《奔流》雜誌中，何畏先生後朗誦給中大法學院之同學，以作時代之共鳴。

我在大學畢業後，立即去到了南京城。

（七）玄武湖邊雞鳴寺

我到南京時，最初是住在成賢街附近之割肝寺。那是一個古寺，在田野中，乃紀念一個孝子割肝醫母處。裡面並無僧尼，只有一農村老者看守，把剩下的房間出租。前面提到一位跳玄武湖自殺的友人，曾住其內，所以房東和我很熟。那裡很是靜寂，並且離中央大學不遠。在南京，那正如古人所謂「長安城，居不易」。

那時，中央大學人事已與前不同，我在廬山見到的吳正之先生已去北平清華大學。但我另一位在中學教我國文的老師汪國垣先生卻到了中央大學，並擔任中文系主任。同時還有一位在江西南昌第二中學高中教我人生哲學的李證剛老師，也來到了中大哲學系任教授。李老師在那時每被我們尊稱爲大菩薩。他精研佛學，曾和江西宜黃大師，即歐陽竟無先生是師兄弟，也是楊仁山先生的大弟子。就因有此機緣，我差不多和那時中大中文系和哲學系兩系的名教授都認識。而且還因在廬山大林寺同住的楊蔭鴻兄，而結識了許思園君，並常同往雞鳴寺吃茶。他那時雖是中大哲學系的助教，但已出版一本英文著作，名《人性與人的使命》，曾獲得印度泰戈爾及其他國際名人之來信稱讚。楊蔭鴻兄曾有一次由上海來信，除寄贈其所譯《古今大哲學家之生活與思想》一書外，並介紹其弟楊蔭渭君與我通訊，而於勸我向學謹愼，勿過冒險之餘，乃自言其已獲其夫人同意同入空門。從此之後，一僧一尼，就鴻飛冥冥了。就連其弟蔭渭和其表弟許思園先生亦俱不知其行踪。

我因常和許思園兄同去雞鳴寺，且住處相近，故無所不談，無所不議。有一次論到明太祖，他忽一言不發，儘讓我一人說個不休。問他亦不答，別時亦不送，而且態度冷冷然。過了一些時，我再去看他，向他請教，他方言道：這就是我的試探，看你如何？隨後，他忽勸我不要做新詩，可以做做舊詩。那時，我們正在雞鳴寺，面對紫金山，俯視玄武湖。我乃言：「天臨湖水近（編校案：先生另文作「靜」字），地接遠山閒；野堤春草綠，隔水菜花黃。」他便大笑了。他的智慧極高，學識自然更博。他能詩，而不作詩。

我那時大學畢業，第一件事當然是找工作。有兩件事可做：一是熊老先生有位老朋友石瑛先生在浙江省任建設廳長，說可以給我選擇一個建設局（縣）去做。還有一個朋友在南京市辦了一個書店，要我去做一名編輯。結果我選擇了編輯，月薪僅四十元，在那時是很低的，比較一個局長是差多了。

我安於一個編輯，我計劃創辦一個《國際譯報》，結果居然辦成了。那是一個專門翻譯的周刊，翻譯的對象是有關中日關係之評論及有關世界文化經濟及世界大勢之寫作。有英文，有法文，有日文，又有俄文。我那時有兩憑藉，一是英法日俄方面留學的朋友，我都俱備，並常見面，二是有一位朋友可以在當時軍事委員會內，請一點補助，印刷不成問題。那時中日關係日益緊張，而國際宣傳與國際情報亦日益重要。同時，在《國際譯報》中，我還要附刊一些中文小品一類的寫作，使其更活潑一些。我取名爲「小國際」。只是當時在南京，我竟無法找到主編「小國際」的適當人選。於是商之於許兄。我特別問許思園兄有無一位好朋友可以勝任。他立即向我推薦唐先生君毅，並極力說唐先生比其學識更廣博，只是目前遠在四川家鄉內。我當即寫信並附旅費寄去，不久唐先生居然來了。

我們的《國際譯報》辦成了，經費也有了，銷路也有了。並且據說：委員長也歡喜閱讀。此更使我放心做去。首先我在中央大學大門附近，設立一辦事處，並附設一國際書局，隨後又在上海設一分局，不久我更親赴北平，籌設分局。那時《國際譯報》可銷一萬份以上，這是少見的。同時我更編了不少國際叢書與叢刊等。

當時全國所關心的是攘外和安內。而內亂的中心則在江西。在江西之南部重心為瑞金，在江西北部重心為我的家鄉一帶，首領是方志敏。據我父言，以前有望氣的人說：那一帶會出一大草寇，也會出一大文人。那方志敏即被稱為一大草寇。我家的四合院被燒毀，我父母弟妹及大姊夫婦，就在那時流浪。終於流浪到南京。

我在南京罵駕橋租了一間平房，我離開了割肝寺，住在書局。我的姊夫則在報社工作。眞個一時之間，大家一起構成了一個流民圖。

以後我的一位堂叔，也來到了南京。他和我的姊夫同在報社，竟成了一位得力的助手。

我的妹妹有滋，弟弟百川已很久失學，這時復學，自然也是一個很麻煩的問題。至於我的老母，則除吃素唸佛以外，便時以我的婚事為念。有一次，她對我此事，說了又說，我像是全不在乎，她是幾乎流淚。慈母的心，會也有時麻煩。

在此大流浪中，我的叔父一家中，只剩下兩個堂弟。一個堂弟，原為盲人，學會了算命，但也短命而亡。叔父身體本極健壯，也已去世。我母有一次在樓上跌下來，把一個凳子壓斷了，而腰未斷，昏迷不醒。迨醫生到來，忽坐起送客，說是觀音菩薩來了。

她的信心在流浪中，反更堅強。

在這一動亂的時代裡，信心是重要的！爲此之故，不管是老者少者，對下一代的企求，都是必要的。所以我對婚事，也不能一味避開麻煩。不久之後，我的老友給我介紹一位女友。我母見面時，說是性情很好，我就欣然應允。在一個雙十節中，並簡單的舉行了婚禮。我的中學校長熊育錫老先生還親自參加了婚禮。他是嚴幾道先生的好友，是一大鄉賢。

我爲了結婚，還由罵駕橋搬到蓮花橋居住，那時，一位大學同學，在中央研究院工作的陳槃兄，也住在我家中。

（八）潯陽江頭西山下

我度我的蜜月，是由南京蓮花橋出發，先到無錫，再乘船橫過太湖至湖州，又去杭州西湖，然後經上海蘇州而返原處。隨即和思園及君毅兩兄，準備潯陽江頭與西山下之行。在那裡，他們兩人是第一次。而我則在那一帶足足有了六年的經歷，即是讀完了高中。那是省立南昌第二中學。初初是普通中學凡三年，接著改辦高中，又讀三年，在那九江與南昌之間的鄱陽湖、廬山及西山，在《論中國之山水》一書中，我已敍述不少。

那時，南昌設立了一個行營，成一軍事重鎮和安內的中心，同時也由那裡發出一個中國文化學會和新生活運動的號召。我和君毅、思園二兄南昌之行，即因此故。

我們乘坐長江輪，來往都經過九江，並宿於潯陽江頭。我們無所不談，大快平生。我們由那裡乘火車到南昌，見了滕王高閣，又望見了西山，並見以前馬祖要人「一口吃盡西江水」之章江門外。我們曾建議著舊文化、新科學、新生活，並建議著求人才於天性之中。那時我大君毅一歲，思園兄又大我一歲。我們都還是少年人，作少年遊，但又侈談天下事。我們都覺得一切是出之太快了。尤其在潯陽江頭，看大江東去。又看古神州的綠野，豈不應更留一些土和土的氣息？在那裡，不可以「萬古遮新月」！但一樣也不可以「半江無夕陽」。

我們在南昌見到鄧先生，他招待我們。至於我，我在這裡，還見到由故鄉流浪於南昌的表姊。這時表姊夫正在病中，可是不久就聽說表姊還先表姊夫而逝去。至於第二中學的舊老師、舊同學自然也見到不少了。

於此，我在西山之下，我還要提一提黃龍慧南禪師。他是上饒人，在臨濟宗下，又開了一個黃龍宗。他有一偈云：「傑出叢林是趙州，老婆勘破沒來由；而今四海清如鏡，行人莫與路為仇。」我們那時也正是行人。行人與路，亦即是與道，只能為友。我又憶起慧南自己接引人們的詩，有云：「生緣斷處伸驢腳，驢腳伸時佛手開；為報五湖參學者，三關一一透將來。」以前朱子也有詩云：「城中望西山，拄頰朝空暮；不到列岫亭，詎知親切處？」我們這次來南昌，個個都感到親切，因此更不會與路為仇，我們都伸出了「驢腳」了。

在南昌，在西山下，我深深地想起了一些離去中學和小學的同學，有如侯錫珪，汪群，汪偉，以及黃野蘿，袁玉冰，劉南溟，柳培漸，柳培植，江萬頃，潘秀清，蕭鳳儀等。他們有的逝去，有的不知去向，有的飛黃騰達。有的苗而不秀，有的秀而不實。總之是形形色色，不可言宣。

又有如張文成，李鳳書，李樹馨等，則簡直是鴻飛渺渺，問亦無從。

我和君毅、思園二兄此次同往南昌一行，實在是太匆促。一些我在南昌六年時，最熟悉的地方，如繫馬樁，洗馬池，百花洲，東湖，青雲埔等，我都沒有帶他們去，就連滕王高閣，也沒有去。更不必說西山及三村觀桃，以及廬山牯嶺了。以後我一直到對日抗戰勝利時，爲了鵝湖農校的事，才再去南昌一次，並住在東湖的湖濱旅舍裡，一切更是生疏了。

我們來時，在潯陽江頭一宿。我們回時，又在潯陽江上一宿。我們三人談到深夜。思園兄言，一個人深思之態，最令其欣賞者有二人。一爲梁漱溟，一爲眼所見者。君毅說彼甚慈祥，我則言其親切。隨後思園更言彼決出國赴巴黎，要君毅繼任其在中央大學之職務。我詢其用何法術。思園則答吳稚暉老先生當可相助。他更言吳老先生甚愛與彼閒談，一次問他宇宙的究竟，他答以未濟二字。我聞他們的談論後，遂亦說及國際譯報的發展事。我說：君毅若去中央大學，我則甚想思園的表弟楊蔭渭繼任主持國際譯報社之事，而我則去巴黎籌辦分社。於是大家就眞的一言爲定了。這是西山之下，告別之後，回到潯陽江頭的一夕談。

回到南京後，不久君毅兄便繼任了思園兄的工作。他遺下來的副刊小國際，我找到了板鴨A和板鴨B。所謂板鴨A，是指楊騷兄；板鴨B，是指楊騷兄介紹的友人。都是因爲瘦得像南京板鴨。

楊騷兄和女作家白薇的戀愛事，是三〇年我國有名作家最有名的事。本來楊騷兄是魯迅方面四大金剛之一。那時另一名作家張天翼在南京，和我很好，所以我一併請來相助。這把「小國際」弄得更熱鬧了。

接著我和我的新婚太太去到上海，先看了桂先生崇基。他和桂永清兄小時都在我父親處讀書，素來對我關切。他聽說我一人去巴黎，便說：「最好夫婦同去。有困難，他可相助。」於是我就訂了兩張海船票。以後在海上飄浮了一個月零一天，才到法國之馬賽登陸。

我對我的父母弟妹及大姊和姊夫，因爲不是短時期在法國，所以先讓他們回到江西貴溪的老家。我的老家在這時是平定了。他們走後，我夫婦亦即動身去巴黎。以後我獲得一個博士學位，又帶三個小孩回國。我父母的欣喜，自然不用再說。只是日本的軍隊打來，我們全家又只能在亂離之中生活。我的妹妹有滋、弟弟百川都從軍了，我的姊夫在家鄉病故。我的父母則又由三板橋到長沙，更經湘西之常德，桃源，沅陵以及貴州之貴陽，遵義等地以入蜀，並在江津及重慶之歌樂山，住了多時。

我夫婦回國時，南京已淪陷。乃在香港登陸，經廣州韶關以到長沙的茅亭子，住在譚家的大公館內。正在那時，清華大學亦由北平搬到長沙，我在茅亭子會見了清大教授吳宓先生，談思園兄夫婦們在巴黎的事。不久之後，我又在茅亭子重見到父母由江西來。

（九）黃鶴樓頭草木裡

在武昌黃鶴樓頭不遠處之珞珈山，抗戰時有一個戰幹團，即抗日戰時青年學生幹部訓練團，我做了主任教官，又創辦了一個《自強日報》。武漢陷落，我把報社搬去常德，我橫過洞庭湖後又經常德至桃源，都和我父母相聚。在沅陵時，我曾來往於沅江之上，乘坐木舟，又曾至桃花源。隨後，《自強日報》曾搬至四川之綦江。原有武昌與常德之社址，於我走後，皆被日機炸毀，有一編輯全家死難。而我則每次平安。

我的妹妹有滋當時已在軍中工作，她先將父母由沅陵經綦江送去江津安住。我弟百川則遠赴西安，入西北聯合大學，繼續讀書，並完成大學學業。

當時中山大學已由廣州搬至雲南，我本應回到母校任教，但訓練委員會在重慶，要我任訓練專員。於是我夫婦又去了重慶，住居曾家岩。我的四子，就在曾家岩出生。這時我是三男一女。父母二老在江津寂寞，遂將我女琤琤攜去在身邊。惟不久之後，我在曾家岩之住處，又被炸彈震壞。乃全家搬住重慶之郊區歌樂山中居住，並親去江津接父母及琤琤同住。

我到訓練委員會，不久便被派赴貴州，廣西，廣東，湖南，江西，福建，浙江及安徽八省，視察訓練事務，並宣講一些訓練的法門。交通工具是各處的公共汽車。公路與車輛都破舊不堪，隨地拋錨。每日所行之路，很難估計。夜黑了，什麼旅館都須得寄宿，有的是臭蟲，蚊蟲和跳蚤，睡不著，也要睡，第二日必須繼續行走。但遇大雨時，路壞了，就須在旅社中，坐視馬路的收復。有時中途路壞，找不到旅社時，就留坐在車子裡。車上的司機，神氣十分。我如此到這裡，又要到那裡，凡是有訓練的地方，就須得去，什麼事都是我一人。就這樣，坐在汽車上，足足走了兩年多，沒有倒下來。

視察完了，就回到重慶訓委會中，閉門寫報告。除了工作與訓練報告以外，我還寫了一本《八省紀行》。後來，我到昆明時，在滇池旁的大觀樓上，我和吳宓先生夜談，打算辦一《曙報》，我就將《八省紀行》一稿，全部交給他。

那時候，中央大學已搬到重慶之沙坪壩，距我所居住之歌樂山，只要翻一個山嶺就到了。此使我和君毅兄又獲於重慶時來往，並初識牟宗三與鮮季明兩兄。

距重慶頗遠之樂山下，馬一浮先生在那裡辦了一個復性書院，他和熊十力老先生曾合贈一條字幅給我，亦請了熊老先生去書院。後因日機轟炸樂山，熊老先生又一人搬往璧山來鳳驛，我回重慶後，曾去來鳳驛住了一晚，並談了辦一哲學研究所的事，別後我還寫了一首詩給熊先生。

我家住在歌樂山中一農民家，那地名叫陰陽坟。我妻就在那裡帶了一個新生的男孩，還有兩個大的男孩，我回重慶時，只見個個孩子都大了。我父母給我們攜帶的女孩，緊跟著祖父母。只是祖父母這時又念著我的大姊一家人在故鄉，大姊夫又不在人間。爲此，母親曾一度病在床上，忽然要我爲她燃一枝香在其床前，說是「一旦逝在異鄉，可以藉此一枝香，回歸故里」。我暗暗流淚。等母親病好了，她要我送他們回去三板橋，父親亦覺走東走西，還是家鄉好！

稍後，會內又派我重複視察東南西南各省訓練事宜，在當時，爲對日抗爭，訓練第一。我的工作，自甚艱

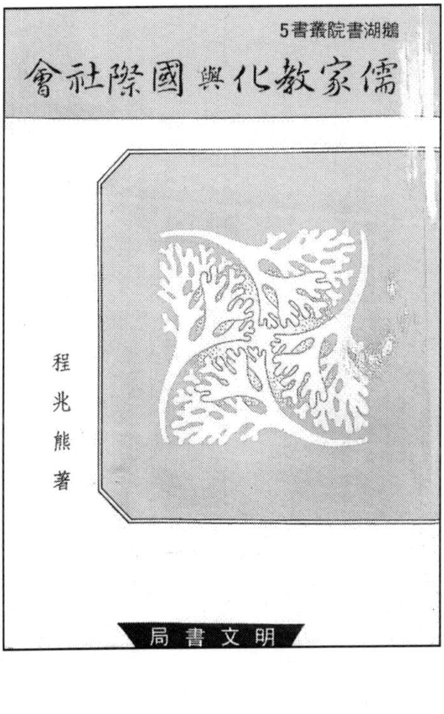

苦。為順帶可以送家人回老家計，遂又欣然起程。途中曾在離遵義不遠處，拋錨一個月。經貴州湖南交界處，過衡山，又由界化壠入江西鷹潭，再轉入三板橋。

第三戰區在江西上饒，我曾乘便至三戰區晤鄧先生雪冰，承留在戰區文化設計委員工作暫時，為其辦一文報，並發表〈儒家思想與國際社會〉一長文，以後成一專書，頗有人注意。柳詒徵老先生與彭友賢兄等，亦都是在那裡初次見面。

我曾到三戰區的最前線之黃山一帶，我去屯溪又至浙江富春江的上流。隨後更至浙江麗水，經龍泉而入閩北，遊武夷山，並數度至福州鼓山寺。虛雲法師初在那寺中，以後才去廣東北部的南華寺。

我還去到福建的建陽，延平，永安和長汀，並回到江西的瑞金。再由大庾嶺入韶關。

湖南衡山的祝融峰及廣西桂林的山水，也是那一次才仔細觀看。柳州，河池，八賽，以及近鎮南關之處，我亦曾到了。

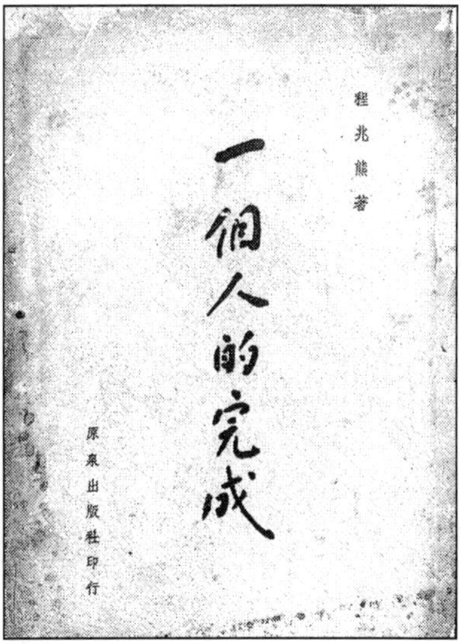

再向西北行，便到貴州的馬場坪。我一路寫了不少詩，都是一些離情，因爲又告別了父母妻子以及家鄉人等，而遠在山川草木之間了，爲此之故，我在抗戰八年年月中，成了一本《山川草木間》之詩集。

我再回到重慶，已是無家之人，乃住在辦公室內。不久之後，我又去到雲南昆明。在那裡，我見到我中學的老師吳正之先生及大學的老師羅膺中先生。而吳宓與毛子水兩先生更時常見面。那時小時的朋友黃維將軍是昆明防守司令，甚獲人心。一些大學教授如馮友蘭，陳夢家，湯用彤等曾聯合書「碧雞有峙，滇海無波」等字樣以頌贈，並相往來，我亦隨之。

昆明爲古益州，有碧雞與金馬之神奇傳

說。滇海乃滇池，亦名昆明池。我住昆明郊外之大石埧興隆寺中，曾接獲家信，知老家中重建之屋，又被焚毀，她和孩子們夜臥乾草中，老母則去七寶寺，乃埋首草寫《一個人的完成》一書。寫畢，亦擬發表於《曙報》，只是《曙報》始終沒有辦成，而我遂亦浩然有歸志。

（十）鵝湖山下書院中

我有歸志，而培我兄辭去軍職，亦思歸田。乃相約同向信水靈山而去。我們先入貴州，過黃果樹大瀑布之下，又經南嶽，穿過湖南，入江西，終回故里。

我留在上饒馬王廟友人家，日日對靈山信水。在信水旁，有信江書院，乃是紀念文天祥的，於今改成學校。至於靈山，我亦在《論中國之山水》一書，有所述說。我家既已片瓦無存，故只有接家人來上饒暫時居住。我在上饒的友人與同學不少，修天，龔適天，楊大膺等兄，都家居上饒城中，或郊外。而雪冰與鳴敬兄，又在戰區，遂使異鄉暫成了故里。當時我寄居龔府，我幼女誕生於此，我母亦來。

我與家人劫後重逢，自是喜出望外。隨後，我更在附近之鉛山鵝湖書院，辦了學校，生了根。但數年之後，即在民國三十八年四月四日，我就一人離了鵝湖，到了上海。此時，大陸於抗戰勝利之後，又一度淪陷，而鵝湖的根，亦後被連根拔去。我流浪了，我的家人也流浪了。於此，我有《憶鵝湖》一書記其事。於老父老母，則有《思親集》一書述其感。老父逝時七十六歲，老母逝時八十四歲。都是十七年無由見一面，自然千百世不能解於心。而為紀念鵝湖書院的原故，則印行了不少的鵝湖書院叢書。

以上是我的「老大憶雙親，兼懷少小事」。我中年到了海外，於今老大，亦不知何時能歸。天下烏乎定？定於一！孰能一之？唯不嗜殺人者能一之！如無能一之，便只有飄零。

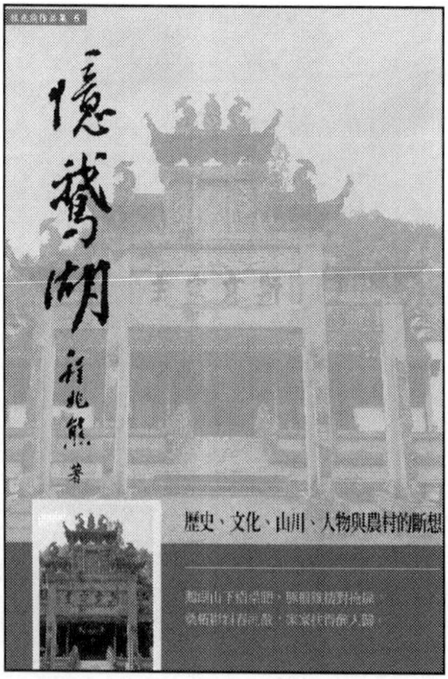

我和我的家人，能離開鵝湖，眞有如古鵝湖之傳說，那即是古鵝湖之鵝群，在古鵝湖中，游來游去，一日忽然飛去天外。首先是我一人行，那是四月四日，是兒童節，我的幼子還在母腹中。我到上海不久，上海即被圍住，我和友人黃崇武在街頭相遇，我只手提一皮包，即被帶上飛機，飛去天外。隨後由臺灣去香港，遇君毅兄及錢穆先生等，遂創辦新亞書院。而我家人則由鵝湖至長沙，以直至香港。那時，我已是六個孩子的父親了。

我母唸佛，自言她有觀音菩薩保佑，不必出外。我父則常言，看來看去，還是家鄉好。他們對我們幼子出生，十分快樂。他們總是說：只要你們好，只要孩子們能夠長大就好了。

我在見到父母的時候與地方，以至在鵝湖書院的時間，有一次父親還來玩了，並說信江與鵝湖兩書院在以前如何如何，我眞總像是少小時候。可是一旦離了鵝湖，到了海外，又到了新亞書院，並和錢先生及君毅兄等在一起，不斷寫作，且不斷爬山，則頓覺一己是到了中年，並且是由山川草木間，到了山川草木外，以至由四海之間，到四海之外，而且遠居南天，久居島上，已是老大了。

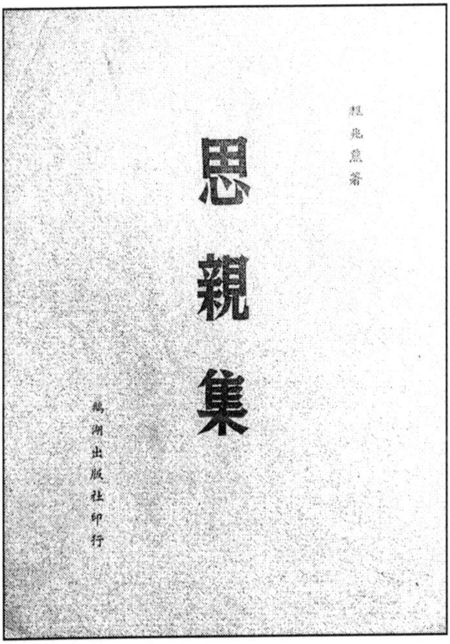

第二編

山川草木外，哀樂說中年

(一)前言

在少小時，我是在山川草木間，由母懷中，到私塾，到小學，到中學，到大學。更由海外歸來，到八年抗戰。見到無數山，無數水。當與草木相依爲命時，總覺「一水千年爲綠水，一山萬古是青山；一身若問行何處？總在青山綠水間」。我一面爬山，一面寫作，不斷的爬，不斷的寫。終於是在山川草木外，而且又只得哀樂說著中年了。

（二）桂林街頭農圃道

新亞書院最初的名字，叫做亞洲書院，設在一個中學內，借了兩間教室，在夜間上課。不久之後，因爲院主有了問題，便搬到桂林街。那是由我在街頭亂跑，偶然見到有幾間房屋出租，就把他租下來。而且日夜都可上課，面目一新，遂正名爲新亞書院。我在開學典禮中，報告了鵝湖書院的情形和規模，作大家的參考，在當時很有用。隨後，我還親去臺灣及澳門招來一些學生，並運來了一些圖書，就算是有了一點基礎。

大陸大批的人逃來香港，令人租住方面，只能租床位，很難租房間。而我們則連床位都辦不到，於是錢先生同君毅兄等，初到香港時，只好在一個我友所辦的華僑中學裡，把課堂裡的課桌，在晚間不上課時合攏起來，作成床位，高臥其上。有時醒了，我還聽到君毅兄呼叫「天呀天呀」的聲音。只是錢先生倒很好，睡得安然。

我友王淑陶兄是我在中山大學時的老同學，他還辦了一所華僑工商學院，校址在香港九龍的郊外沙田。在我們未辦成新亞書院以前，撥了兩間房子，請我們到沙田居住。君毅兄和他的太太住一間，我和錢先生當時都是單身，便合住一間。迨桂林街新亞書院成立了，錢先生和君毅夫婦及張丕介兄夫婦，遂住校中，我則仍住沙田，每日赴桂林街，常是步行。

我妻攜帶六個小孩，由鵝湖來到後，即住在沙田一間小房的大床內，大床用幾塊木板合成，正所謂一家八口一張床。我最小的男孩，這時還初學步，勉強能行。他們兄弟姐妹之間，有時爭吵，眞是可觀。

我有一位親戚孫茂柏君，是美國耶魯大學讀書的前輩。他在我們將要赴臺灣之前，特來找我，要我邀約錢、唐二先生與一位美國文化界的人見面談談，說是對我們的熱心辦學，甚爲同情。於是我們大家在一個晚上談了很久，很是欣喜，但並不具體。

新亞書院的師生，已日增多，聲譽亦日大。同時我們還每週舉行了一次新亞學術講座，社會人士有不少人來聽講，頗有好評，每次都有記錄。我家的人數最多，其他的先生，大都沒有小孩。因此，我在新亞的待遇最高，時使我心中不安。加之我又是學農的，於是大家都主張我去應臺灣臺中農學院之聘。結果到第二學年時，我全家便去臺灣了。

沙田與九龍之間，有一高山，岩石多而樹木少，遠望似獅，故名獅子山，我常橫過獅子山，獅子山下是九龍塘。離九龍塘不遠處，有一農圃道，此一道路很短，我在當時還未見到，旁有一空地，乃隨後新亞書院發展之地。因在桂林街租一點房子辦書院，終非新亞之目的。我回臺灣臺中不久之後，曾和徐復觀兄同去雲林，會見一些雲林的士紳，他們很願意貢獻土地，讓我們在臺灣辦新亞書院。有一個時候，我們眞想在臺灣發展，但因種種原因，不能如願。

我那時雖在臺中農學院，仍不忘新亞。不料我臨別香港時所見之美國學人，在與我的夜談後返美，即影響了美國耶魯大學之重視，並選派代表赴港，和新亞書院談合作事，並允助新亞建築校舍。隨後，香港政府撥給農圃道旁之空地，新校舍終於成功。隨後，桂林街之新亞書院，即整個搬去新校舍，遂形成了一個香港九龍獅子山下之農圃道新亞書院，而爲舉世所注目。

（三）臺灣，香港，臺灣

左禪師有云：「向不變異處去，去亦不變異。」我在三十八年，由上海飛臺灣，先至岡山，再去臺北，見到以前鵝湖信江農專的師友。更去高雄，見到桂永清兄等，更見到弟弟百川全家，他們都以爲我可以安住下來。旋又去臺中，見到詹鏡心兄，他那時任臺中農學院訓導長。院長也是一位留法同學。他們要留我任教務長，我原則上已應允了。同時，我還想鵝湖信江農專在臺灣復校，以期能「向不變異處去。去亦不變異」。只是父親、妻子遠在天邊，此心總不能定。我總覺得此心惶惶然。我攜

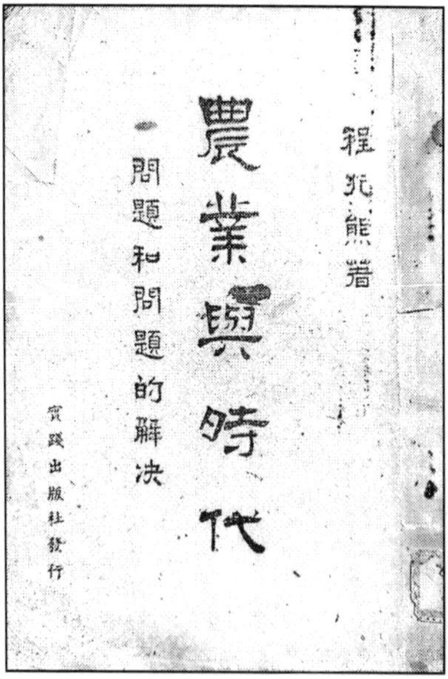

出了在鵝湖出版的《從農業看世界》的著作，我又保全了我所寫的《農業與時代》的原稿。我總想能和家人同歸宿於一個農場之中。那時我對任何他事，皆不願想。不料原在無錫江南大學的君毅兄及錢先生竟由廣州到了香港。同時我想我的家人和父母，若能由鵝湖，貴溪，經長沙和廣州，直去香港，正是一個捷徑。隨後我就去了香港，並終於和錢先生及君毅兄相會，留下了兩個年頭，並離開了不少友好。

我由香港再回到臺灣時，我的家人仍居沙田。我乘船先乘海船到基隆，並乘火車一直到臺中農學院，住在院招待所中。其時院長已換了林一民先生，他是上饒人。鏡心兄也已見到。我算是回到了我的本行，我第一件事是將農學系裡的園藝組擴大成園藝系。我初任園藝系主任，後來又任教務長。我一連好幾年都是寒暑假爬高山，爬中央山脈。我是又由香港的山川草木外，再入臺灣的山川草木間。我帶領園藝系全體師生，從事臺灣山地園藝資源調查工作，目的是要開發臺灣三分之二的山地，改善臺灣山地同胞的生活。有一次，我們山行三個月不停，由臺中越過中央山脈到花蓮一帶，那眞是：

山行九十日，
萬木俱相招；

若問山中事，
雲深山自高！

那時東西橫貫公路還沒有開闢，我們都要全靠雙足，並要攜帶食糧。

又有一次，我們爬上了合歡山上的天池，夜宿在自己攜去的帳篷裡，天上正一輪明月。可是山下卻山洪爆發，政府正擬派直昇機前來救援，可是我們師生已個個平安下到了半山。雲雨是半山中傾瀉的。

我們調查了不少的山地鄉，我們居留高山族中，我們和他們一起在高山中跳山地舞，歌山地歌，他們都十分歡迎我們。

在臺中和平山地鄉中，有一部落，名叫春陽。我們住在那裡較久，彼此更爲熟悉。有一次，他們的酋長家，舉行婚禮，我們也送禮參加了。我認識他全家人。酋長的幼子考取臺中農業職業學校，堅欲其姊陪其上學，其姊便一面在我家做工，一面陪其弟讀書，友愛之情，眞是可欽。在那裏，我眞像是「向不變異處去，去亦不變異」。

（四）耕者有其田在平地

我在臺中農學院主持園藝系時，因為也儘有人知道我對於農政實施方法上，頗為注意，並於出版了《從農業看世界》，《農業與時代》等書之後，又繼續寫了《中國土地與心靈之開發》，《中國農業政治》及《中國農政實施》三書，所以當時友好如雪冰兄等，就推薦我以農業專家名義，參加了耕者有其田的視察團。就這樣，我於爬了不少的臺灣山地之後，又走遍了臺灣所有的平地。

臺灣的平坦地區，自然會滿是稻米，除了自食之外，還要外銷。只是如陽明山橘以及桶柑、椪柑、柚、葡萄柚、文旦，與夫香蕉、芒果、番石榴等，更是不一而足，而香蕉、鳳梨之外銷，復名聞中外。我在臺灣西部的平地，走到東部的平地。在西部平地中，有臺北、桃源、中壢、新竹、竹南、苗栗、臺中、彰化、雲林、斗六、斗南、虎尾、北港、嘉義、臺南、麻豆、高雄、鳳山、屏東，以至恒春等。在東部平地中，復有臺東、花蓮、宜蘭、羅東等，都是在我們視察的範圍以內。在初到臺灣時，人每以爲臺灣是寶島，但只是小島，但視察起來，眞是不易，眞是麻煩。從地域上說，以上所舉，還只是大部分平地。但全部分平地，也還只是臺灣全島面積的三分之一。

由此，更想到一個大陸，一個九州，一個有神州的綠野，以及那綠野裡的農人和士子，會都爲了一粒一粒的土，曾流了多少汗，多少淚，甚至多少血，才眞有了我們的過去和今日的存在，今日的田園，今日的國土，以及此日的痛苦與流浪。

於此，再一沉思，那自會是：

田園魔鬼與詩篇，萬萬千千億萬年；了了了非眞了了，玄玄玄是更玄玄；
擺脫千魔成一聖，只須一聖有千賢；無窮世界無窮願，一願亦能動地天。

到這裡，耕者有其田的意義，眞會是有其無窮不盡之意義。
到這裡，耕者有其田之工作，不也會是一個千秋萬世之大業麼？
由此，更想到心靈，心靈與土地的一齊開發，這會是如何的神聖？
我由以上的平地，復想到山地。我由以上所述果木，忽然又想到蘋果。

臺灣在一般的眼光裡，是在亞熱帶，斷斷不能有著蘋果的生育。但臺灣的山地，是一個中央山脈。那裡，有亞熱帶，也有溫帶，同時還有寒帶。那裡的玉山，高四千公尺，夏天的夜晚，有時還要烤火。於此，便須得視其爲一個氣象的立體。儘會有常綠果樹，也儘會有著落葉果樹。到這裡，便自然會想到蘋果。

我國土地的開發，一到了夏商周三代，會有其奇蹟。我國心靈的開發，一到了夏商周三代，也儘會有其奇蹟。所謂行夏之時，那是不僅耕者有其田，而且還儘有其農田水利的完善。所謂乘殷之輅，那是不僅耕者有其田，而且還儘有其交通運輸之完整。所謂服周之冕，那是不僅耕者有其田，而且還儘有衣冠文物之完美。由此而相並而行的，便是夏之忠、殷之質和周之文。由前而言，那是土地開發到了三代的奇蹟。由後而言，那是心靈開發到了三代的奇蹟。似此兩大奇蹟，一併而說，便是「郁郁乎文哉」。

我視察了耕者有其田以後，去到了臺北，我還對學生說了一些法國在二次世界大戰以後所宣揚的小家庭、小住宅和小庭園之三小運動，以及德國於二次戰敗之餘的復農（即復興農業）的運動。

（五）忠義橫巷與國光路

我自民國三十四年二月起，蟄居鵝湖四年餘，至三十八年四月四日因農專改農院事赴南京，經杭州，見熊老先生與宗三、裕文二兄後，赴上海，被圍困一月餘。至五月二十五日清晨飛離上海，飛抵臺灣岡山，再赴臺北。六月九日至臺南鄭成功廟，六月十日與百川遊高雄港口。六月二十九日，由高雄赴臺中市訪舊，復由臺中返高雄，過日月潭。七月十九日更由鳳山回臺北，被易希陶兄等農學專家邀宴於新北投之中華農學會，並宿二晚。八月十五日遊圓山動物園。每至一地，皆有詩。其時心情眞難言。

三十八年冬赴香港，爲創辦新亞書院事，直至四十年，又回臺灣。我是五月十日，先到臺中。我妻和六個孩子，則於同年八月二十三日到達。他們到達後，我由學校招待所搬去臺中和平街一個平房的樓上，和家人一起居住下來。這時算是稍爲安定了。到再搬至南臺中一個忠義橫巷日式房子內，就更安定了。

在和平街，我住了不到一年。有一次，我在臺灣，第一次遇到大地震。我們住在木屋樓頭，搖搖擺擺，大家嚇怕了，趕快跑下樓了。

在和平街，我們還帶了一個女嬰，那是我弟弟的第二位女兒，名叫臺鳳。但沒有多久，她的母親終於將她帶回了高雄左營，她只有一個月左右。

在和平街，我們的一位好鄰居是周邦道先生，他們夫婦都吃長素、信佛，也是四個男孩，但只有一個女兒。他家栽了不少的曇花。他們也是江西人。

離和平街不遠，還居住兩位江西貴溪的同鄉。一位是楊太太，乃我父老友彭程萬將軍之女；又一位是江太太，是我在中學的同學，都在鐵路局工作。

那時候，詹純鑑兄任臺中農學院的訓導長，他家住在忠義橫巷。我們也有時去到他家玩。

全未料到半年餘後，臺北方面要他任主任委員，他改行了，因此便離開了忠義橫巷，但他一直到底，都是忠義之士，眞是一位天下之才。

他搬走了，我便和我的家，搬去他所住的忠義橫巷。那時臺中農學院的校長是林一民先生，他以前也住在忠義橫巷。我搬去那裡，眞是順裡成章。

我搬去那裏，會眞如禪師們所說的：

「歸家安坐！」

我由鵝湖山下稻粱肥中出來，一人手提一個皮包，到處爲家，倒下就睡，就是在最後一架飛機，也是睡到臺灣。

我初由臺灣到香港，會合家人由大陸出來時，是一家八口一張床，和友人創立新亞書院。

到這時，竟居住在忠義橫巷的一個日本式房子中，前有長長的一個園，後有一個方方的院，圍繞著大小四個房間，一個大客廳，和一個玄關，地下全是榻榻米（蓆子），家具齊全，客廳中一張大橢圓形的桌子，我眞像是默默的自言自語道：

「莫再搬家！」

由忠義橫巷到臺中農學院，要去國光路，那在當時，只是一條很短的路，但所須經過的其他路徑，卻有一段距離，走起來很不易，大家大都騎腳踏車。我當時第一件事就是學騎腳踏車。

我學騎此車，頗似我小時學騎馬。我小時初騎上馬，馬就跑，我不能下來。直到馬跑了十華里時倦了便停時，我才下馬。我學車也是一樣，我一上車，車就跑。直到跌倒時，我爬起來就會騎車了。隨後，我六個孩子，老大學會了，老二，老三，老四，也都先後學會了。老五和老六則坐在我的腳踏上，由我運行。不久，老五也學會了。在國光路上，我家是五乘之家。

（六）園藝系與園藝館

國光路臺中農學院農藝系的園藝組，經我設法擴充爲園藝系後，最初只是兩個房間，我用了一間，另一間給助教。可是園藝場在附近，卻有兩個：一個是果樹，一個是花卉和蔬菜。溫室也有兩個。主要的先生最初是朱長志夫婦，朱先生兼學院農場場長，其夫人李樸講師主持蔬菜。還有彭昌祐先生，主持花卉。擴充爲系後，則陸續添聘了黃弼臣、林樂健等教授。另外還有陳國榮教授，他是我的留法同學，遠近聞名。臺灣的葡萄改良，應歸功於他。我那時對行政，興趣毫無。林校長本是我的舊相識，以前是江西中正大學校長。不料此時相聚，我每避不見面。他亦頗了然我的性格，並和人每戲稱我爲「夫子」，不以爲怪。但隨後他又堅要我兼任教務長，使我益忙。

我任教務長時，確是無爲而治。那時註冊主任爲陳家元先生，作事甚能幹而負責任。我諸事信任其所作所爲。而一己則在辦公室中寫作。我在園藝系一些講義，固然是在那裡埋頭寫作，以資應用。就是像下面的一些著作，也利用一些辦公室裡的空閒時間寫成：

1.《論中國的庭園》；
2.《論中國的花卉》；

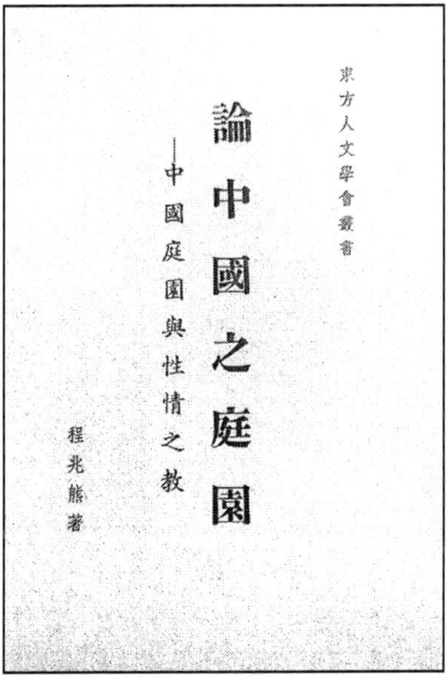
東方人文學會叢書

論中國之庭園

——中國庭園與性情之教

程兆熊著

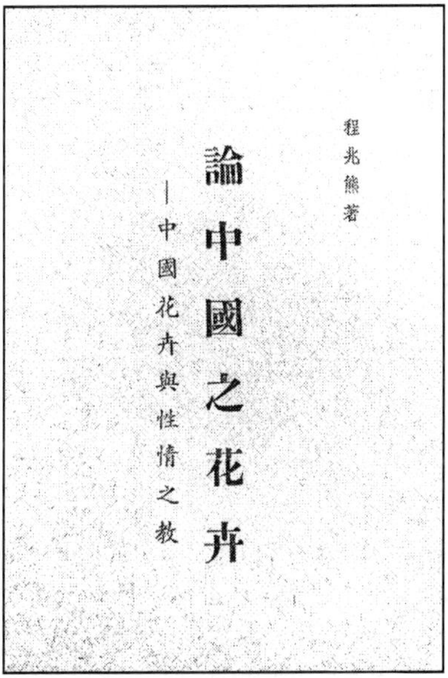
程兆熊著

論中國之花卉

——中國花卉與性情之教

3.《論中國的觀賞樹木》；

4.《論中國庭園建築》。

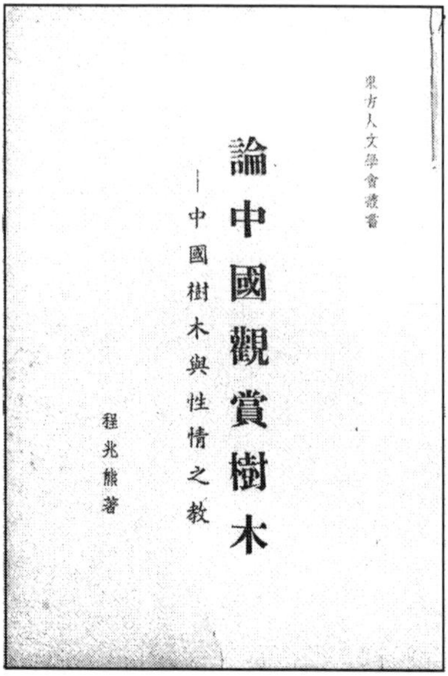

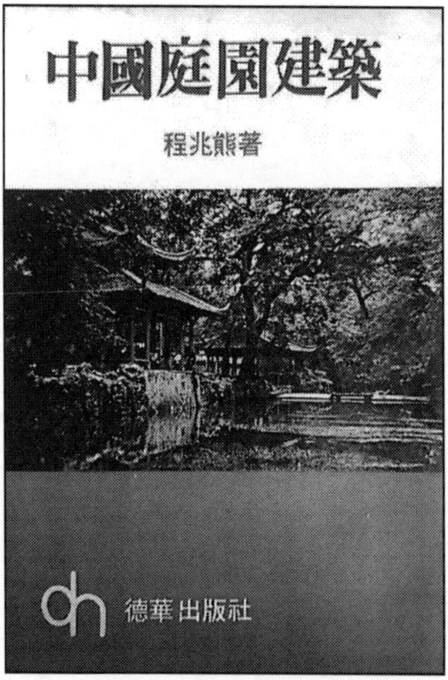

還有那時教育部有時候又委託翻譯了一些東西，亦都在辦公室內，匆促爲之。至於園藝系的工作，大都是朱長志、林樂健、黃弼臣先生等代我作主，盡力爲之。大家同事，眞合作得很好。

園藝系在那時，眞是艱苦；但同學們的齊心齊力，更異常珍貴。那時有三位畢業同學蔡繼聰、方兆駿與范念慈留校任助教，裡裡外外的事，皆使我得心應手。同時，他們對同學的影響，也至爲良好。

在校同學中，至今猶使我念念不忘的，復有鄧端端、翟明、吳俊、陳琨範等，那是先期同學，後期同學則是一批隨我上山調查的健行者，眞是不計其數。至今猶時時思念，並曾爲詩云：

午夜車聲去似雷，此中人已一齊回；從茲揮手以爲別，空上連年舊講臺。
起視流雲渡遠岑，樹經手植已成林；鳳凰木更花如火，照眼分明見此心。
彷彿之間忘歲月，隻身今猶滯天末；高高山上走下來，剩下一心眞似割。
艱難一課幾時休，劇散人終不可留；欲把此心眞放下，偷閒學億（編校案：「億」亦可通「憶」）少年遊。

針對一批學習農業的同學，我在帶領他們爬山越嶺時，我更加默默地扣緊著中國農業與農民加以文化的省察。我不聲不響地寫成了一本《中國農業與農民之文化的省察》一書，我並名之爲《中國文化大義》。

一個人的完成
蔣兆熊 著
完人的生活與風姿之一

大地人物
理學人物之生活的體認
蔣兆熊 著
完人的生活與風姿之二

大地邊緣人物
禪門人物的風姿與領悟
蔣兆熊 著
完人的生活與風姿之三

我從各方面設法解決了園藝系的艱苦，於此，我不能不特別感謝當時的中美聯合復興中國農村委員會。內中尤以陸之琳技正之鼎力相助，且隨我至深山之中。就這樣，我們只有兩間房子的園藝系，到後來，居然興建了一個園藝館在農場裡。

我以前在雲南昆明大石埧興隆寺內，寫了一本名叫《一個人的完成》的書，那是一個總綱。總覺更須寫一些實例，以及實踐的眞諦。我在園藝系，雖兼教務，心情卻顯得一切閒閒地，因此便繼續寫了一些有關一個人的完成的人物。針對天下國家，我首先寫了一本《大地人物》。那是講宋明理學的一個嘗試。我嘗試著從生活的體認中，去論理學。寫完以後，未能罷休。雖當時因任教務，須參加全國大專聯考的工作，但仍忙裡偷閒，又接著寫了一本《大地邊緣人物》的書本。那是從一些對禪師們的風姿欣賞方面，去論禪學。這是另一種嘗試。

以後，我更將《大地人物》和《大地邊緣人物》二書，與《一個人的完成》，合成一書，定名爲《完人的生活與風

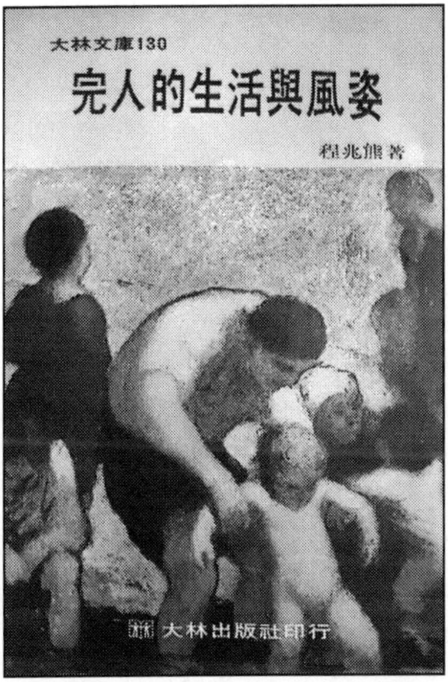

姿》，以和我一批同學共勉。

（七）園藝資源的調查

以前日本人在臺灣，在稻米方面，弄成了一個所謂蓬萊米。在柑橘方面，亦表現了不少成績。只是在蘋果方面，似乎是束手無策，據說是失敗了。我在前面曾說及蘋果，我的看法是：臺灣是和別處不一樣，並不是不能種蘋果。但當時的農復會中頗有一些美國的委員們，並有一些中國的園藝學者，都不同意我的看法。於是，我為了要拿出一些事實和憑據，就非親自帶一批師生們到深山和高山裡面去不可。

我很感激我的同事和同學們，大家都能同艱苦，同患難，入山求道。我對大家說：我們的上山從事園藝資源調查工作，正像是我們以前的聖賢仙佛，入山求道。那時候，東西橫貫公路還沒有開始，我們入山，只能自己背米、背帳蓬和吃一些野菜。除了身體要結實以外，還十分須要心理上的平衡和鎮定。高山之上，危巖之間，稍一慌張，就要跌下。以前王陽明在廬山，走到危崖，弟子見了，嚇得額上出汗。這正所謂：

「堂堂巍巍，壁立千仞，心地自爾和平」！

那時候，我眞沒有想到，我們的師生們，居然是那麼熱心，個個勇氣十足，爭先恐後。於是我就對大家解釋道：我個人的情形，是有些不同：第一，我一小出生在山地裡，我是大陸的山地人。第二，我在抗戰時，步行數千里，發動學生從軍的事，並從事訓練青年軍，我常常誦著這樣的詩句：「世間多少奇男子，誰肯沙場萬里行？」第三，這次爬山，我是很想補足這「萬里行」！於是我引起了大家的笑聲，隨後，我就要大家過天橋作試驗。這是一條狹長木板，兩頭高懸。心不鎭定，就不敢走過。由是我將師生們分成兩隊：一爲險徑隊，一爲寬徑隊。

同時，我自然也十分感謝當日的農復會，我每次送上的計劃書和預算書，當時農復會的祕書長蔣彥士先生，以及生產處處長馬保之先生，都加以批准，使我們獲得充分的經濟支援。

我們的工作，一等到學期和學年考試完畢，即是寒假和暑假開始時，就一起出動了。

我們首先是調查臺中縣的山地鄉，那是叫做和平鄉。我們到了谷關，遇到大雨，我們停下來。但停下來亦儘有事情，那就是報告和檢討，以及資料的整理等等。而我個人猶有另一件事，那就是寫作。我一共寫作了四本書，並有三大本調查工作報告。

出了谷關後，就去青山、佳陽、桃源、環山、鞍部等處。於此，桃源就是現在的梨山，福壽山農場以前是桃源的鴛鴦池所在地。目前已很少有人得知了。

足足費了一個暑假，我們因爲下一學期就要開始，所以不得不趕快回到學校。

在學校裡，對我而言，是事情更多，更繁忙，但最忙的是整理稿件。我寫成如下二本書：

1.《臺灣山地紀行》；

2.《臺灣臺中山地和平鄉園藝資源調查報告書》；

總算一切進行得很順利，大家也都很高興。尤其是女同學們，她們不少人是爬山第一次。

寒假之中，我們下一次的調查，那是信義鄉。有許多調查表格要整理，要重印。還有人事也要調整，經費更要重新預算。同時，我個人還要去臺北奔走著。

平常我們的日子，過得很慢，可是目前已是不然了，我們很快又到了第二個暑假，我們又要上山了。有人問我，這次在和平鄉感慨如何？我說：滿山都是道，也就是滿山都有資料。尤其是在佳陽，那裡是一大臺坡地。我們雖然在那裡遇到豪雨，但仍覺得滿是佳陽。

我們第二年，亦即第二個暑假，調查的目標是信義鄉。那是要先經過草屯，中興新村和埔里，直上霧社。到了霧社，又分兩路：一路是麻里巴，一路是廬山。這廬山，當然不是我家鄉的廬山，這是有溫泉的廬山。

我們第三年復由臺中翻越中央山脈，到大北投，太魯閣，到花蓮一帶。於此，大北投在目前都稱爲天祥，與臺北之北投，全不相投。我們又調查了南澳大同等山地鄉。

我們前後調查凡五載，隨後更將所獲資料，在臺灣各地展覽。不僅引起了注意，而且還獲得信任。所作報告，除上述之和平鄉報告外，猶有三本，俱由農復會先後印行。

至於我個人的寫作，除上述之山地紀行外，猶有：

1.《臺灣山地日記》；
2.《高山族中》；
3.《山地書》；
4.《高山行》。

在以上四本寫作中，《山地書》是我在高山上和家人的通信，以及寫給新亞書院錢先生和君毅兄的函件。《高山行》一書則全是一些題詠，如玉山、大禹嶺、大關山、合歡山等等。其中在玉山頂上，就題了二十一首。

（八）園藝資源展覽

臺灣山地園藝資源的展覽，在臺灣是空前的事，在整個世界，亦是前所未有的事。此一展覽的目的，甚爲單純。那是只想證明一件事，此即在臺灣山地，可以栽植蘋果，以及其他的重要落葉果樹，如品質優良的梨和水蜜桃等。

於此，仍須聲明：此即此一展覽，亦是有賴於農復會同仁的資助，並有賴於園藝系全體師生的努力。展覽舉行的時期，也是利用一個暑假。

由於好幾年的臺灣山地園藝資源的調查，我們獲得了很多很好的資料，製成了不少的標本。加以我們在調查時所攝取的照片，加以放大，並加以說明，儘足以將高山的植物和生態環境，令人一覽之下，即能了然。

這其間的整理工作、繪製工作、規劃工作等等，自然煞費苦心。要知這是第一次，事事都不能有一點不妥當的地方。同時，要在各處展覽，便須在各處選擇各別的展覽地點，這也是一件很麻煩的事體。

我們在好幾年的山地調查中，最大的收獲，是採得了一些三葉海棠。那可以做蘋果嫁接的優良砧木。而且，有很多山地的生態環境，都適於三葉海棠的生長。由此，我們就可以斷定臺灣山地，可植蘋果。

同時，我們還在一些更高的山地裡，找到了一株野生的小蘋果，此即所謂花紅。另外還找到了一些野生的梨，即棠梨。我們儘可加以改良。

此外，我們還在山地找到了一些野胡桃，又找到了一些野生栗，以及一些野生棗子等落葉果樹。

至於一些野生蔬菜，野生的特殊花卉，以及一些中醫藥材，更是不一而足。

我們當然無法把我們的調查所得，全般加以展覽。於此，一些選擇上的工作，亦頗費了一些心機，一些商討，和一些研究。

因爲場地的關係，我們所能展出的，大概只能佔著五分之二。同時，爲了各處的場地有大有小，我們還須得臨時有些加減。

我們首先展出的地方，是在臺北市的中山堂。那個地方，很是理想。只是佈置方面，亦吃力得很。這亦好在有了各方面的協助。

我們特別邀請了不贊成我們的栽培計劃者。有的人，還須得我們有人親自去請，並去加以說明。這並不是一般展覽，這只是一種學術研究。任憑如何去宣揚，也會是毫無用途。

我們唯一的安慰是：在此次數天中山堂展覽中，還沒有人加以責罵，我們都盡了我們的心，也盡了我們的力，我們是眞正做了一件事。

我們自以爲是成功了的事，就是在此次中山堂展覽，和隨後在各地展覽時，實實在在的已給了人們瞭解那蘋果等在臺灣山地，可以栽植。

爲了先行實驗，我們不久之後，就提出了一個完善的試驗落葉果樹栽培並改良推廣的計劃，這就是山地果園的計劃。

而且爲了多年來臺中農學院園藝系全體師生的山地園藝資源調查所得資料，在展覽結束之後，仍儘有其保存和紀念的價値，不好予以廢棄，故總須有一個地方，蓋一個館，把園藝系和這些資料，結合起來，予以發展。於是我們又計劃了一件事，這就是上面一節所述說的一件事，此即是園藝館。我們調查所得資料，就儲存在那館中，以作長期的展覽。

（九）山地果園

這當然不是一般的山地果園，在這裡，山地果園的條件是：

第一，必須在海拔二千公尺以上的山地；

第二，必須是一個和人烟隔離相當遠的地區；

第三，必須是一個全新開發的地區；

第四，必須是一個孤立的地區，路徑必須重新建築才可以進去；

第五，必須不是一個森林地，而是一個茅草地，又是一個處女地。

在臺灣這樣一個小島上，要尋覓一塊合乎以上五個條件的地區，實在不易。

我帶了幾位最能爬山的先生和同學，到處尋找，終於在霧社上面，再爬上約一千公尺，才遠遠望去，見到一塊茅草地，孤立在一個山頭旁邊。

於是我們先細細研究，估計，策劃如何去到那山頭，進入那茅草地。我們必須要從沒有路徑的地方，走出一條路徑，並可以走回來，而不致迷失。爲了此事，走通之後，我寫了一封很長的信，給香港新亞書院的唐先生君毅兄敍說我走通了的經過。一個人能夠走通了一條路，眞是其樂無比。此信載在我的《山地書》中。

走出一條路後，立即在一小溪邊，搭一茅屋，作一據點，從事果園場地之開闢，這正是所謂開天闢地，時爲嚴冬，亦即寒假期，我帶工友住在茅蓬裡。

首先，我細細觀看著小溪，我溯流而

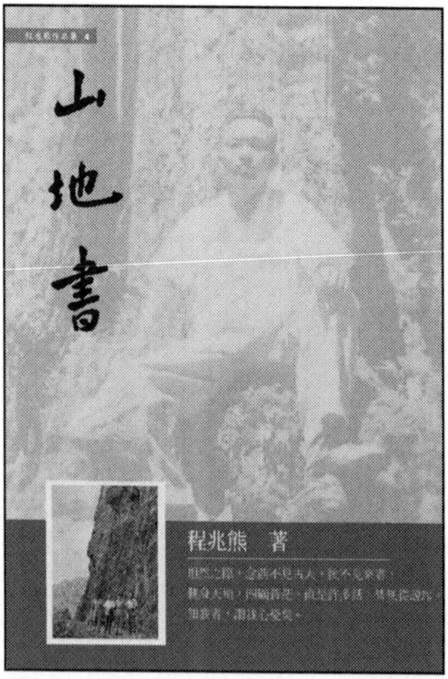

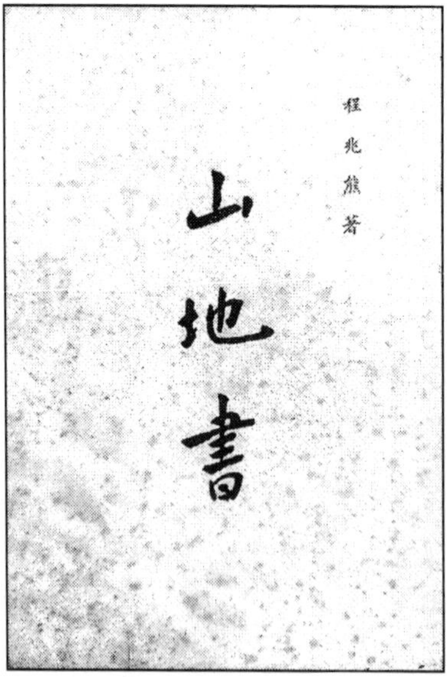

上，我認定了那是一條生命線：果園的澆水和我們的飲水，都全靠這一股小小流水。

接著，我就考慮著由全世界引來的六十多個品種的蘋果苗木。於此，我自然要特別感謝農復會的協助。所有的訂購工作，農復會都一齊承擔，但如在美國所訂下來的苗木，必須要十二日以內定植，意即是由美國苗圃內拔起之日起，由汽車運到機場，再由飛機運到我們中正機場，復由汽車運到霧社，更由人肩挑背負到我住的茅屋內，並一一定植在果園的土地中爲止，不能超過十二日。否則，苗木就會損傷，這責任也就要我負起來。更不料這時候，我的茅屋頂上，還紛紛積著雪，並在果園裡，下個不停。工人們雪中拚命，必須重賞，於是我要斷然決定定植果苗，以每株計算，不以日計。就這樣，我在茅蓬裡，只要冒雪計算株數，就完成了一個山地果園。

山地果園的定位是：臺灣南投縣仁愛鄉霧社北東眼大山。在霧社抬起頭，可以遙遙望見。

山地果園的面積，是十五甲，約爲十五公頃，是斜坡地，但坡度不大。

山地果園四周，風光特佳，由同甘共苦之師生，會商決定，共有八景，每景並由我題一韻語。園對八仙山，又可見萬大水壩及眉溪。

山地實驗果園乃是山地果園的眞正名辭，因爲那是以實驗爲主的。但不料實驗之外，又實驗出了八景。此八大景觀是：

1. 參天古木；
2. 薄暮彩霞；
3. 深山飛瀑；
4. 雨後長虹；
5. 林間明月；
6. 翠嶺奇花；
7. 懸崖攬勝；
8. 山地果林。

我題山地果林之句爲：

今爲東眼大山吟，種果何妨見此心？種得萬千佳果在，果成林後土成金。

又題懸崖攬勝之詩云：

夜來明月照千山，步出叢林夜已闌；霧陣陣中燈隱隱，月明明下水潺潺。
方居絕壁懸崖上，始在高山流水間；正是中秋前一日，猶須一日到塵寰。
（因家在臺中）

至於山地果園在茅屋以後的進展，那就是：第一，建築了一個山地果園館，在古木參天處；第二，輔導了輔導委員會的幾個農場；第三，指導了山地同胞的一些落葉果樹栽種，因而改善了生活，我分明記得：以前為我背行李之山地小孩，於今他一家已購買兩輛的新車子。

（十）石門水庫與大度山

石門水庫在桃園縣，當時水庫管理處委員會曾請我為其規劃風景建設，到復興鄉曾留住一晚，並曾爬登枕頭山頂，其地毒蛇甚多，山似枕頭，因題詩一首：

居然踏上枕頭山，如此山頭枕亦難；因想石門他日水，使人夜夜憶江南。

於是我就以此枕頭山作成我對石門水庫風景設計之焦點，當時人多不明此意。時為民國四十七年十二月底。

管理處鄭維玄兄係我大學農院同學，並住同宿舍，當其畢業之後，擔任潮州專員時，成績卓著，而於地方水利事業，更為人所稱道。此次，他陪我在水庫四周，到處觀看，甚為難得。

鵝湖農校同學蔣永昌君，學園藝而能苦幹，亦在該處工作，更常陪我四處視察，並協助設計。

為美化水庫，更特設一苗圃。苗圃工作，即由蔣同學一人竭力主持，亦甚有成效。那時石門水庫正建築中，成功之後，可成東亞最大之水埧。水庫之長，有十八公里。兩岸之高，則視水漲之高度而定，此則必須考慮到下流之居住人家。石門水庫之最上端，有一拉號瀑布。拉號乃高山族之一部落名稱，我們當時在一懸崖之底，仰觀此一瀑布，其狀至為奇偉。惟據高山族人云：至崖底觀瀑之人，除光復前有一日本人外，只有我們。因題一詩：

盡日尋幽不見幽，等閒一瀑自天流；千尋削壁懸崖下，到此無人不點頭。

石門水庫地址在桃園縣境，但桃園並沒有若何桃樹之栽植。我頗思水庫一帶，多植桃柳，以求美化。惟礙於經費，頗不易推動。目前大家倒種植了一些茶樹。但若是像鵝湖境內之茶子樹，那就好了。

我在那時，經常要來往於五個地方，一是霧社上面的山地果園，二是梨山，三是臺中農學院，四是大度山，五是石門水庫。

說到大度山，原本是一個小山頭。只是後來那裏成立了一個東海大學，首任校長是曾約農先生，乃曾國藩之孫，留英之前輩，年老猶是獨身漢。他特請徐復觀兄去擔任中文系主任，並把中文看成首系，要所有系別的學生，都修習論語，提倡中國文化。但他自己卻是基督徒。當東海大學開始興建於大度山頭時，他還特別請美國的副總統尼克遜（總統是艾森豪）來主持破土典禮。當時我任臺中農院教務主任，曾代表學院去參加。我記得尼克遜在破土時說了一句話，就是：「在一個荒山頭，茁長一個大學校，乃是全世界最有意義的一件事。」

爲了以上種種因緣，我便以一個學農的人，去兼任了大度山的論語教授，此外還有牟宗三兄及復觀兄本人，與臺灣大學中文系主任戴君仁先生等。

我擔任的系別，是外文系和一些基督教會的進修生。當第一課上課時，復觀兄特來介紹，謂我爲學科學的，但於哲學亦有甚深研究。他說完了，就離開。我一開講時，就有兩位進修生請求退選，我即允之。

教會進修生，事實上是一些牧師。同時，東海大學是教會學校，最重視英文，一般程度好的同學，也都進英文系，如郭大夏、杜維明等，其時都在英文系。就因爲這樣，我特別寫了一部論語講義，都油印發給學生，去補助口講的不足。不料那兩位退選的進修生，卻又來請求我特許他們來領此講義。

那時我要來往五個地方，有時高山頂上趕到大度山來上課，而講義也往往是在高山族中編寫的。但也因此而對孔聖人之心，更有所識。後據復觀兄言：英文系的郭大夏和杜維明兩君，第二年就請求轉系，轉至中文系了。又據說：杜君在美國大學任教時，也開論語一課。我記得，我印論語講義時，杜君即甚熱心。

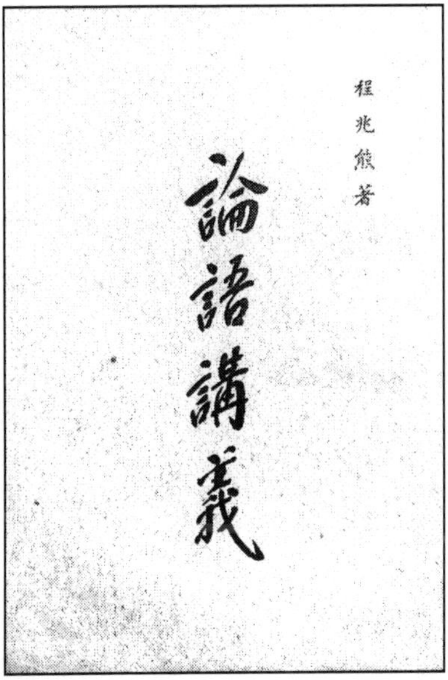

（十一）理所應留與臺大林地

我由香港回臺灣，在臺中農學院，自四十年夏至四十七年間，不覺之間，已是七載。照規定，我應有一年之休假進修。惟我在山地之工作，事事都待展開。而且事多創舉，人頗不易繼續。爲此之故，陸之琳兄爲免我遠離計，特商之馬保之先生。時馬先生已轉任臺灣大學農學院長。遂由馬院長商請錢校長（臺大）聘我爲臺大客座教授一年，在園藝系開課，並協助臺大霧社之山地農場。時爲民四十七夏。到四十八年三月間，見臺大校園杜鵑花盛開，甚多感觸，曾題四詩：

其一：杜鵑花發課堂西，野艷眞將兩眼迷；一片市聲嘈雜裏，不聞當日杜鵑啼。

其二：杜鵑花白又花紅，開在條條大道中；若把眼前光景說：一行行裡是春風。

其三：昨夜濛濛一陣雨，今朝仍見杜鵑花；不須笑我傷零落，悟汝天涯到水涯。

其四：因之遙憶我家山，原本杜鵑紅滿谷；野火燒來杜宇飛，有人似汝居鄰屋。

臺灣大學之林場與農場有好幾處，但園藝系的山地農場，則正在籌備中。他們的山地農場場地，是想將一個原屬於臺大在霧社春陽上面的一塊林地改為農場，而與臺中農學院的山地果園，遙遙隔山相對。那一帶可栽植不少寒溫帶的果蔬等，和春陽的山地同胞，有密切的關聯。這必須談條件，但總談不攏。省政府民政廳和臺大當局都和他們交涉不少次數，毫無結果。

我因為在那一帶從事山地園藝資源調查，有很多時候，就住宿在他們那裡，他們大都和我相識，並瞭解我們的工作意旨。於是我就要大家再談一次，我可以參加一起開會。

於是在一個夜晚，省民政廳和臺大當局的代表，和我一起去春陽一個山地國民小學的禮堂裡，大家開會。大多數的春陽的山地同胞，皆自動的出席。

一直深夜，春陽山胞，提出的條件，彼此細細商討，並無多大的距離。但山胞總是有點疑慮。於是我終於起來說話了。我第一句話就問他們認識不認識我。他們都說是「認識」。我第二句話是問他們相信或不相信我？他們都說相信。於是我就肯定地說：

既然如此，我們大家把條件一一寫下，大家簽字，我願做保證人。就這樣，我把臺大山地農場的場地解決了。

四十八年二月三日，率領臺大農學院所辦之山地園藝講習班結業學生，赴我所辦之山地果園實習。又由霧社赴臺大實驗林所在地之竹山，經日月潭，又至德山岩一古禪寺。寺尼索詩，遂題詩云：

看了櫻花遊了潭，又來勝地叩禪關；驅車終日知何事，提筆無言去竹山。

旋又由南投縣竹山鎮，上至一千餘公尺處，乃臺大之實習林場，其地名溪頭，建有紅色高樓，可作避暑勝地。曾夜宿樓中，時有一同學，忽嘔血甚多，又題詩云：

一行連夜至溪頭，齊宿山中百尺樓；鮮血嘔來仍種果，一成林自有千秋。

林場一側，有一大水池，其林場場長請我為其設計成一遊樂區。池則以大學池為名。復題詩云：

萬山皆在叢林裏，又任叢林在水邊；大學有池雖不大，和盤托出水中天。

溪頭林中，有一古檜，據測爲二千八百餘歲。至其下細細觀看，主幹已空，其間可以行走自如，但仍儘有其不少嫩枝，乃又題二詩爲：

其一：脫盡皮膚折盡枝，天留神木已無疑；二千八百餘年裡，不向人間吐一辭。

其二：通過春秋與戰國，自然生在西周時；看來巨幹空無物，是以年年有嫩枝。

其時臺大園藝系老教授謀克終先生，亦同我等前往觀看，似頗同意此二題詩。

（十二）義所應往與新亞書院

四十八年三月二十一日，時臺灣東西橫貫公路正興築中，特邀約我們指導種植蘋果等落葉果樹於深水溫泉及西寶一帶。歸時又遇中國文藝協會觀光團於車中。由花蓮縣太魯閣沿溪水入深山，則所入愈深，所見愈美。有一名勝，叫做燕子口，在此溪旁之一石壁下，橫貫公路即經過此處。溪水蟠曲如巨龍，而石壁則裂如燕子之口。橫貫公路穿石壁一側，作成連續之隧道，汽車往來其間。行人莫不稱道，遂相約為詩，我詩為立即所成，如：

者般活水時時盡，如此高山處處窮；只有一身穿石壁，方知燕子口吞龍。

其時胡處長美璜亦立即將我此詩，朗誦給同車之文藝學者同賞。

由燕子口而入，更至一懸崖絕壁處，即爲九曲洞。石洞中曲曲折折，固不只九曲。我車經此洞，更題一詩，以記所感，詩爲：

水盡更流成九曲，山窮一轉又千重；風雲峽裡時時變，萬變全歸一路中。

我曾由臺灣西部臺中，步行越過合觀山頂，以抵臺灣東部花蓮之太魯閣。報章一度載我遇險，實則我全無恙。隨後橫貫公路築成，乘車往觀太魯閣，與步行時之情形，完全兩樣。有詩爲：

溪流一一終歸海，絕壁層層不蔽空，轉去轉來太魯閣，由人橫貫路西東。

我在臺大任客座教授時，住溫州街側之一大院子中，常步行至校內上課。四十八年五月三十日，忽見街側一石榴花盛開，其紅如火。其時，正逢大風大雨交作，一切朦朧，乃題詩云：

誰家院子石榴紅？印入行人眼目中；一自墻頭轉過去，彌天都是雨和風。

其時，香港方面，錢先生及君毅兄又前後來信，說新亞書院正準備與崇基及聯合兩書院，合組一個大學，直屬倫敦教育部，與香港大學平行，惟新大學則更重視中文。他們希望我回香港，並擔任訓導長。另外，香港方面，還請了謝幼偉兄及吳俊升先生同去，他們都很樂意，無牽掛。只是我的情形，卻不一樣。

我以前是臺灣→香港→臺灣。可是這一次，卻又一轉而為香港→臺灣→香港了。上一次很單純，可是這一次卻頗繁複。我回信給錢先生及君毅兄有兩句話：一句話是理所應留，又一句話是義所應往。在理所應留下，我有說不完的話。在義所應去下，我也有說不完的話。但畢竟我是準備回香港去了。

聖誕紅，又名猩猩木，我在臺中的家中，院子內的墻邊，植之不少。四十八年十二月一日，我正準備赴香港應聘時，忽見其花盛開，色紅似血，因為詩道：

年年南國客中身，夜夜太平洋裏月；當月秋風又已來，眼前聖誕紅如血。

我在臺大一年，寫了一本《孟子講義》，一本《中國園藝史》。又翻譯了一本法文《幾尼亞鳳梨栽培》，英文《蔬菜學講義》，並完成了一部《農學概論》。另外，更寫成了〈孔子的態度〉，〈孟子的氣概〉，以及〈梨山果樹之來龍去脈〉等論文。

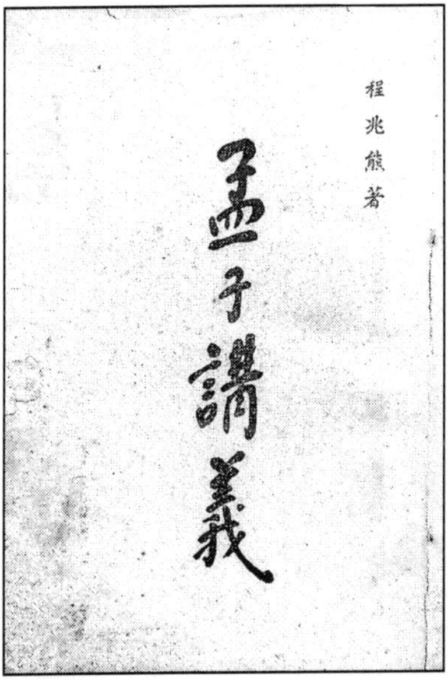

第三編

華岡翠谷中，天長與地久

（一）前言

此一次回新亞書院，同行者有謝幼偉兄等。其時新亞書院，已是冠以中文大學之名了。英國政府准香港總督之請，在香港大學之外，另成立一用中文講授的中文大學，其構成之三個主要成員是：

第一，新亞書院；

第二，崇基書院；

第三，聯合書院。

三個書院之院長頭上，加上一個校長，這個校長就稱爲中文大學校長，由英國倫敦教育部直接任命，一定要會說很好的英文。錢先生原是新亞書院的創辦人兼院長，就因此後來擺脫了院長而赴臺灣，像過著隱居的生活了。

我和謝幼偉兄則分別擔任新亞書院的訓導長和研究所的教務長。而唐君毅兄乃是中文大學新亞書院的教務長，此外，崇基書院又有教務長，聯合書院也有教務長。同時中文大學校長處，還有一位中文大學的教務長。就如此種下了以後的很多演變。

我初擔任訓導長時，錢先生和唐君毅兄因為我爬山之故，都說我是「不怕苦，而又淡而不厭，簡而文」的一個人。當時我對訓導二字和訓導趨勢，總覺不外如次之兩種：其一為俄國式的打打鬧鬧，其二為美國式的跳跳叫叫。而我們總須得「文思安安」，坐起來做！就這樣，我第一次在大學裡做了一個學期的訓導長。而且把我所訓的一些話，寫了出來，編成一本書，名叫《大地陳辭》。

（二）由新亞書院到中文大學

在香港，除香港大學之外，會一下子有一個中文大學，幾乎是沒有一個人想得到。最初是：大家只顧到將新亞書院和崇基書院上面冠上一個大學。此外很多書院大家都想共同聯合起來，就叫做聯合書院。於是有了聯合書院，就又進一步和新亞及崇基兩書院，再合起來加上一個大學的名稱，正像大英帝國一樣，形成一個聯邦。三個書院，即是大學內三個學院，通常三個學院，就可以成一個大學。這個大學可以直屬英國倫敦教育部。頗有人猜想是一個英國人的政治大手法，這一手法，就是大英帝國成為日不落帝國的大原因。

在中文大學成立前，新亞書院和美國耶魯大學合作，由桂林街搬去農圃道，由三間房子一下變成三層大洋樓。崇基書院則因為與基督教會關係，在九龍沙田旁，也很規模宏大。對香港而言，那時只有一個香港大學，香港大學內有不少外國學生，教學時用英語，中國學生不多。但在香港實際上是一個中國人的社會，所以當時就有人提議定名爲南華或是南海大學，我在那時則提議用南天二字，還有其他的提議。結果想來想去，就用Chinese這個英文字，表示是中國人的意思。由此而思及中國文化，又思及中文，所以就用中文二字，定名爲中文大學。

（三）中文大學之新亞訓導

新亞書院訓導，原只是一如新亞校訓之「誠明」二字，此即是「誠則明矣，明則誠矣」，可是上面一加上「中文大學」四字，就連帶了一個大英帝國，又加進一個大陸人民民主共和國。大陸透過香港，要新亞訓導的主持者不是臺灣國民黨，還要不可以懸起青天白日滿地紅的國旗。我雖是無黨無派，只是錢先生和君毅兄所說的一位「淡而不厭，簡而文」的能吃苦、能爬山的學者，但堅決要懸國旗，每日清晨就要在農圃道上三層樓頂，懸掛起來。我一早起身，親自懸掛。不久就被香港政府知道，通知我們。我回答說：「這是我做訓導長的責任。要處置，可以處罰我。」不過當時新亞書院董事會的董事長，是一位曾經做過大法官的趙冰先生，就極善意的告訴我說：「這是『Order』，是命令，這會叫整個新亞書院，關門大吉。」爲了顧全整個學校，我自只有引退不掛。但仍然是每日清晨在天臺上，和同學們一起打太極拳，並極力提倡平劇，以及從事經子課程。直到學期末了，我就正式辭退訓導長一職而專教經子，爲一專任教授。另外一直爬山，爬到獅子山頂，每逢國慶日，即雙十國慶，而非十一國慶時，我總是一人手持紙製國旗插上去。而且從那時開始，幾乎每日清晨，都去爬獅子山，寫了一些獅子山頭和獅子山頂等詩集，如前所言。這是我擔任新亞訓導，並訓導自己的一些心得。

（四）中文大學之高級講師

在新亞書院我是專任教授，可是對中文大學來說，我高級講師，這是英國的制度。但我所專門教授的經子課程，卻是中文大學之所以名爲中文即中國文化的緣由。那時候，君毅兄等都是教授中國哲學或西洋哲學等。同時，我又和其他專門教大一國文和大二國文的教授或講師們一樣，兼任了一班國文課程，並寫了三本講義：第一本是《中國文話》，第二本是《中國文論》，第三本是《中國詩學》。那時錢先生很欣賞。而有些國文老師，則以爲是多餘的事，我當首先提出一個國文的定義

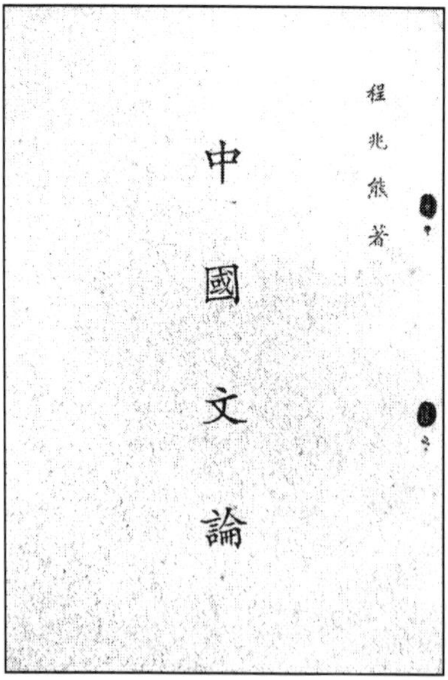

問。此在英國，英文就是英語。而在我國則是國文包括了國語，而且還包括了中國文化。這些我在那文話、文論和詩學三本書中，都曾詳予說明。同時，我還帶學生爬獅子山，在山上講一些詩文，或國文，每每比較在教室裏面，更易了解。

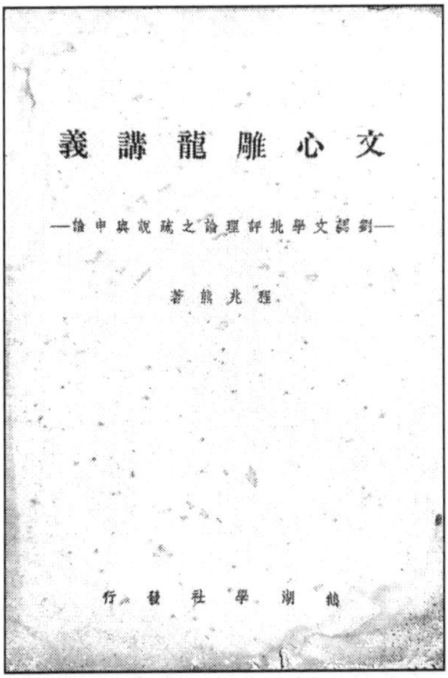

（五）真想不到做了中文大學之新亞中文系主任

在香港一般人仕的觀念，中文大學是以中文爲特出。而新亞書院則是以中文系爲特殊。在我任新亞中文系主任以前，錢先生曾以新亞書院的校長身份，兼任過新亞中文系主任，隨後還特地將臺灣大學中文系名教授鄭騫先生請來擔任系主任。使錢先生放下一個重擔子。但一年之後，鄭先生又返回臺大。於是此一職務，弄來弄去，終於又落到我身上，而我亦仍然是一些老套，帶學生去爬上獅子山頭和山頂，有時還爬到山巔，即石巖峰巔，巔復有裂口，甚不易爬。

錢先生那時候住在沙田，由沙田要乘公共汽車到九龍農圃道頗遠。但爬過獅山頂，可到沙田。我常越過獅山頂去〔他〕家，往往比乘車還要快速，此因乘車去，須繞一大灣，才能到達之故。

那時曉雲法師則住在沙田慈航淨苑，憶民國四十九年二月十四日，隨君毅兄夫婦暨幼偉兄與鄒慧琳等，應曉雲法師之邀，前往一遊。有詩云：

我家原住在沙田，九載重來遊淨苑，識得桃花早早開，看花人自不知倦。

禪詩中有「自從一見桃花後，直到於今更不疑」之句，總不能忘，惟未悟道而已。

那時我以一個學科學、學農學而又曾做農校校長之人，第一次做中文大學又是新亞書院的中文系主任，內心自是十分不安，而自外面看來，尤其自香港方面看來，更覺不妥，香港是一個洋化而又浮華的地方。我記得我從臺灣初次到農圃道新亞書院，當時新亞書院和美國耶魯大學合作，校門看守者竟以為我是一個工人，傳於校內。但因此而反使學生對我親熱。我喜歡平劇，惟香港學生多說英文，於是我便唱了幾句英文平劇。他們深心不忘，笑個不已。為此之故，學生還隨我爬山不停。

在當時我主持的中文系裡的教授們，有莫可非、胡應漢和王道、何敬群等先生。何先生原本是一醫師，莫先生為人豪爽。胡先生是梁漱溟大師的門人，王道先生則是那時流行刊物名《人生》的社長。當時都覺得任何國內大學都以中文系為首，英美大學則以英文系為主，而且歐洲的國家，如英國之沙士比亞，德國的歌德，俄國的托爾斯太，義大利的但丁等，無不是國寶，眞所謂文章華國。所以大家在中文系裡都有些使命感。只是不久之後，莫教授病故，王社長又身亡，何、胡二先生又他去了。本來主持中文系就不易，到此時，自是更難。同時國文一課，在新亞要讀兩年，國文教授的負擔自然更重。我在當時更只能埋頭寫作經子方面的講義，以補不足。當時所寫講義計有：

1.《論語復講》，《孟子新講》；
2.《大學講義》，《中庸講義》；
3.《莊子講義》，《莊子別講》；
4.《老子講義》，《老子通議》；

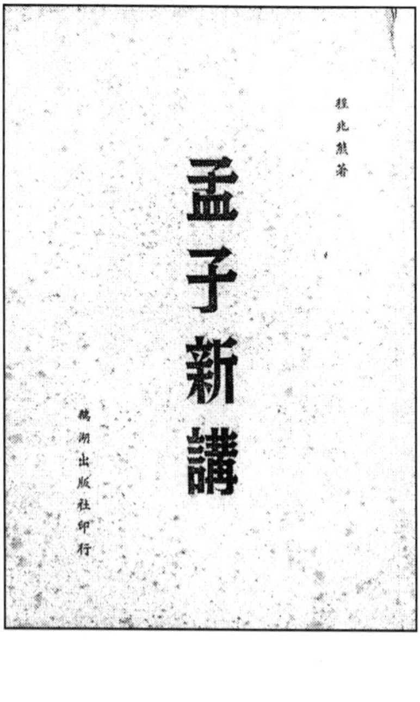

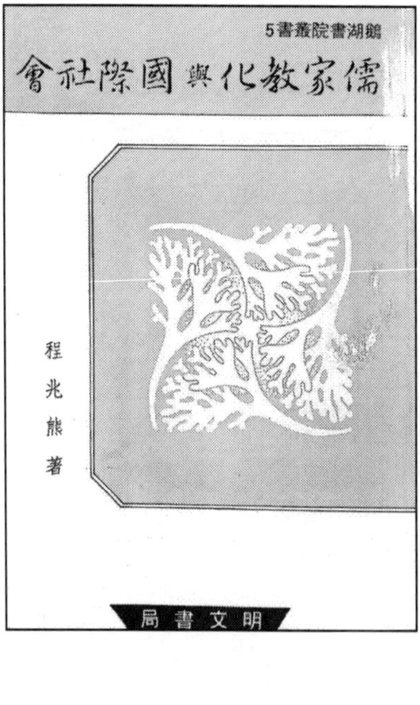

5.《易經講義》，《易經繫辭》；
6.《荀子講義》；
7.《詩經講義》，《書經講義》；
8.《禮記講義》，《春秋講義》；
9.《文心雕龍講義》，《人物志講記》；
10.《大地人物》，《大地邊緣人物》；
11.《博伽梵曲》；
12.《中國太平要義》，《中國治平要略》；
13.《中國歷史大勢》，《中國文化大義》；
14.《山川草木間》；
15.《納素波神話》等。

當時唐教務長君毅兄見中文系如此，頗以爲意。通常中文系往往只管中國文學，所謂經史子集之四庫，往往是只顧到集部。只是本人總以中文系，除了中國文學以外，總須得著眼於整個中國文化。此所以中文系之不易，以及中文系之難上加難。眞正說來，

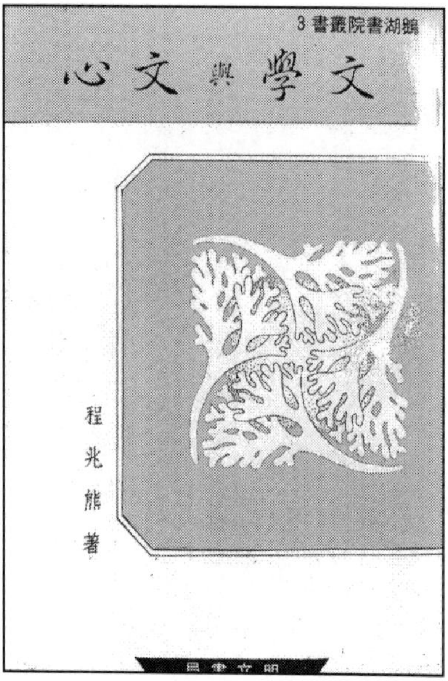
鵝湖書院叢書3
文學與文心
程兆熊著

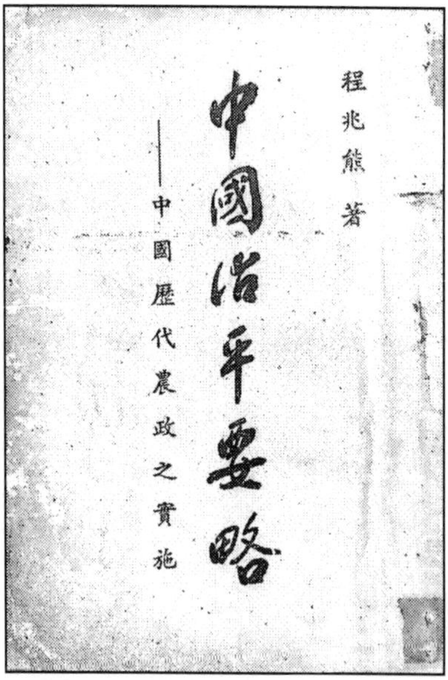
程兆熊著
中國治平要略
——中國歷代農政之實施

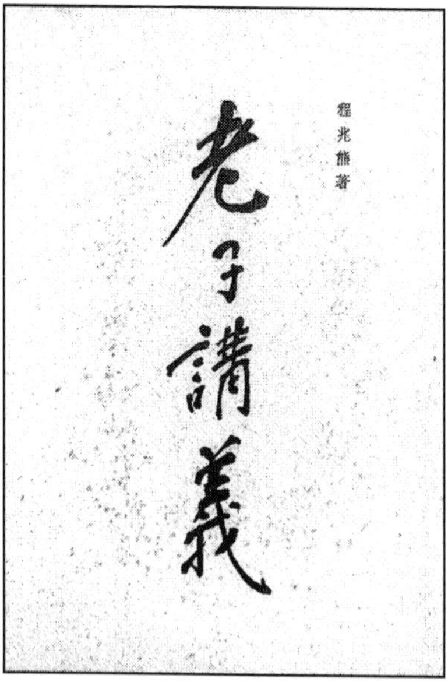
程兆熊著
老子講義

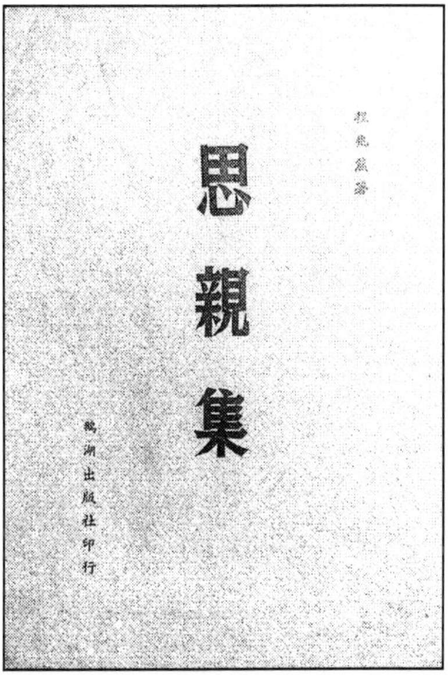
程兆熊著
思親集
鵝湖出版社印行

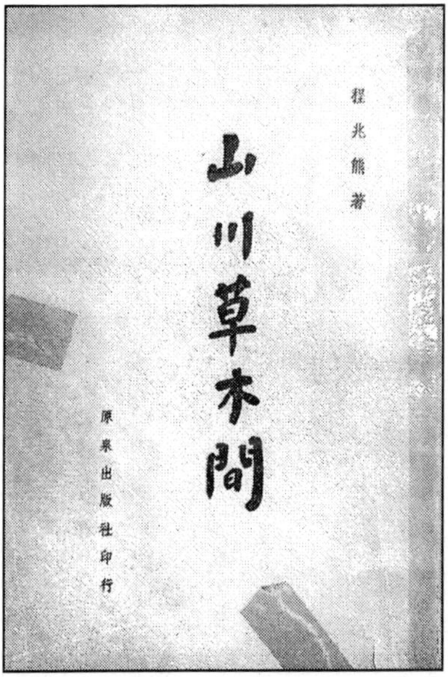
程兆熊著
山川草木間
原泉出版社印行

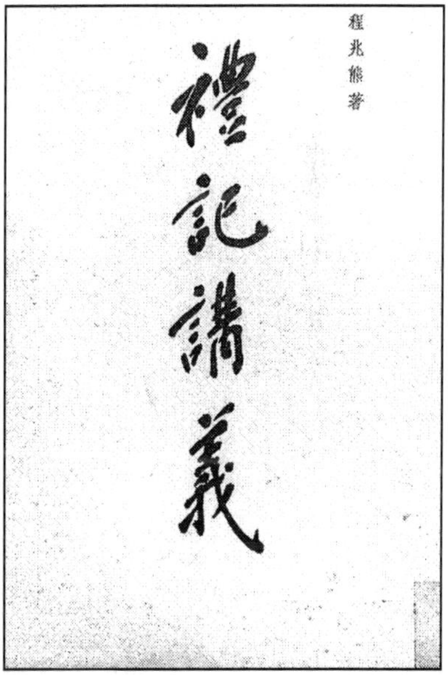
程兆熊著
禮記講義

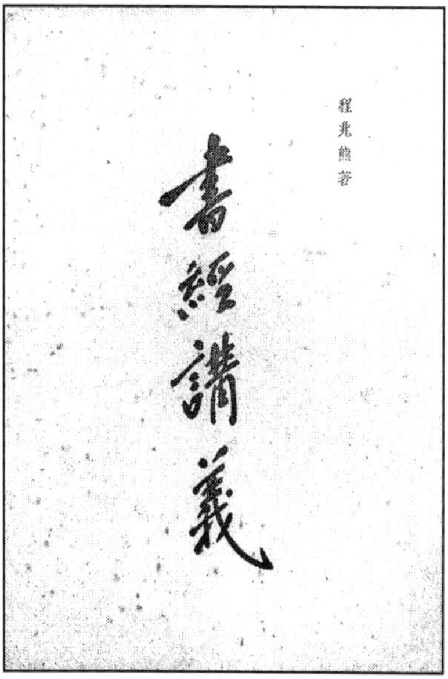
程兆熊著
書經講義

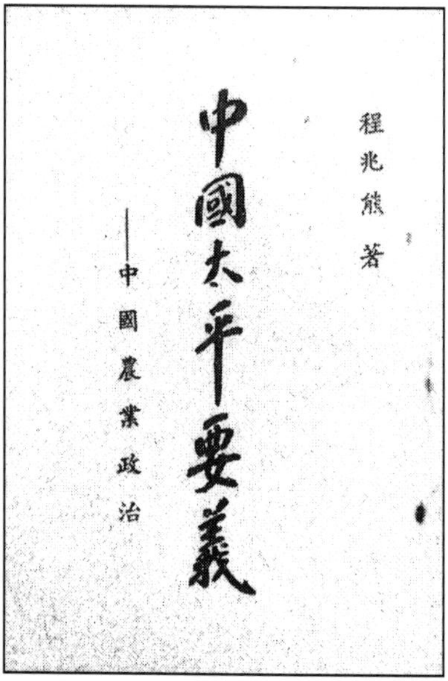
程兆熊著
中國太平要義
——中國農業政治

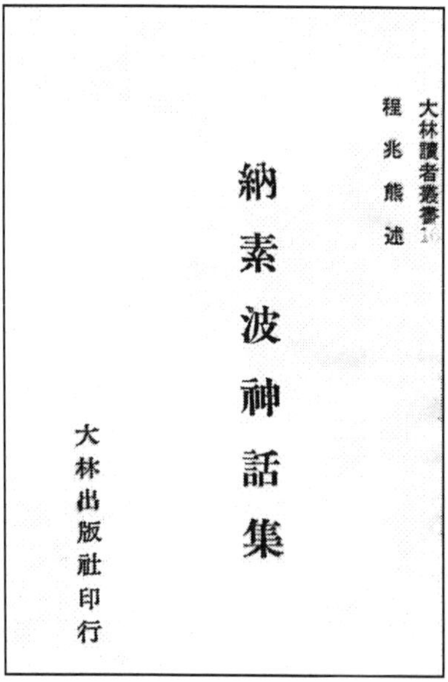
大林讀者叢書1
程兆熊述
納素波神話集
大林出版社印行

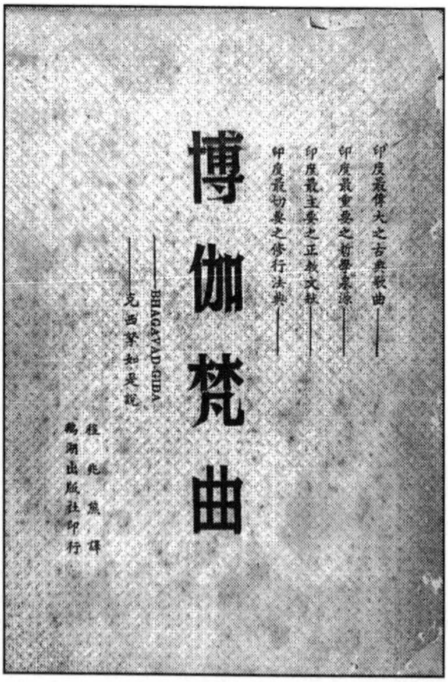
印度最偉大之古典歌曲——
印度最重要之哲學來源——
印度最主要之正教文獻——
印度最切要之修行法典——
博伽梵曲
——BHAGAVAD-GIDA
——克西拏如是說
程兆熊譯
鵝湖出版社印行

中文系不僅是一個大學之首系，實際上也是整個中國國家之首系。如果這一個系辦不好，或是走錯了、走偏了方向，分明可以產生無數的想不到的問題。平心而論，我國自五四以來，確實出了無數的問題。多少的有用有志的青年，以及多少的國家的棟樑之才幹，確實是不堪聞問。關於文以載道、文章華國之事，幾乎是一掃而空，眞是所謂「其國空虛」（語見《孟子》）。在大學的課程中，一般人每認爲大一、大二都排有國文，是佔時候太多，我總覺得還是不夠。邵康節詩稱：「心靜始能觀白日，眼明方可見青天。」要知日月光華，文章華國，國文正有如白日青天。中國人讀不好國文，自亦如美英人，讀不好英文，和法國人讀不好法文，是一樣的道德（編校案：當爲「道理」之筆誤）。我個人是學農、學科學的，但在學校教我的國文先生，總是給我的影響最深最大。

在我擔任中文系主任的時候，我搬住九龍何文田街的龍文大廈三樓，是兩個單位合成的大住宅，有四房一大廳，那時我留在臺灣的家，已經全部搬來香港，只父母仍然遠在大陸江西。

那一個大廈，眞不料是屬於新亞書院中文系的一位女生所有。她給了我家許多方便。她是住在我家的對面一個大樓，距離農圃道新亞書院不很遠，步行可到。這對我眞是十分舒適。大廈後，有一座小山，我一有空暇，就步行於小山頭，有時更帶一些同學去那裡環遊，席地而坐，談笑風生。我在那龍文大廈中，寫作很多，得益於那裡的風光，自是特別不少。

我的何文田寓所之旁有小山，由小山行去，又是小山。再去便是京士柏公園。園在另一個小山頂，十分空闊。我記得民國六十年農曆三月二十八日，係英女皇誕辰，學校放假。中文系二年級同學關璧儀、黃懷秋、周少芬、伍詠芬、吳啓賢、陳達華、廖敬珍、勞大然、林惠堂、張金娣、關永中、李貴堂、梁業昌、鄭永泰、陳紫康等來我寓，茶敍後，乃爬此小山等，遊京士柏公園於山頂。又野餐於園林中。薄暮言歸時，張金娣云：

「此行甚特別。」

我聞此語後，回寓時即以二詩記之如次：

（一）

樂得春殘共此遊，云何「特別」在心頭？千紅已轉爲千綠，一豁終當有一丘；

繞過小山和小嶺，又將初夏更初秋；林間圍坐餐於野，只道林間獲小休。

（二）

有人在後有人先，此日遊來非偶然；自樹林中見白日，從山頂上見青天。
雲邊事每成陳跡，户外吾常學少年；同是暮春三月裡，問誰心在萬峰前？

以上所述之同學中，關永中君目前已任教於臺灣大學哲學系，黃懷秋女同學已任教於輔仁大學中文系，並已和關永中君結為夫婦，有了兒女。此外，關璧儀，張金娣，勞大然諸同學亦俱於中文系畢業後，赴美國留學，獲得學位，先後回香港九龍，服務社會，貢獻多多。真如古人所言：「後生可畏也」。

又記得是五十九年十二月四日，在家批改中文系中遊了獅子山之後，所作遊記之文，有五個同學居然以詩代文，我亦只得立即個個和之，以代批改作文，並相互研究，以代批改：

第一是黃懷秋同學之詩，她在同學中是最有文學天才之一位女同學，平常即愛作詩，其詩云：

雄霸香江稱絕嶺，遠離塵俗矗雲霄；危崖險徑崎嶇路，雖未登臨魄動搖！

當時我根據她的個性，並予以鼓勵，遂和之如下：

獅子山頭非絕嶺，遠觀卻似在雲霄；只須大膽行將去，保汝心中不動搖！

其次一位是男同學盧國明的詩，也是絕句：

奇巖聳起狀如獅，萬古高瞻笑日移；卓絕嶙峋誰識得？超凡最是滌塵時。

這位同學，平時氣概不凡，我因和而勉之：

一山萬古即為獅，自是生來不可移；若問何時纔一吼，總須可吼一聲時。

第三位是關璧儀同學的詩，其人溫順：

雄踞香江狀似獅，紅塵隔絕呈美姿；崎嶇路遠狂飆冷，只顧鷩餘學賦詩。

這也是一位女同學，我遂帶點啓發的意味而和之爲：

獅似山時山似獅，當然個個是雄姿；衹須不去張牙爪，便自吟來一首詩。

又一位是周少芬詩：

白雲猶自繞青峰，對景難挑意萬重；獅子山頭遠趾爪，歸途喜作偶相逢。

我當即和之爲：

白日舉登獅子峰，有時雲霧一重重；高人不怕人來到，只怕相逢似未逢。

還有一位同學的詩是林惠堂的創作：

深秋暮靄映殘霞，遠眺獅山盡落花；海角留連二十載，神州北望欲歸家。

我乃和而勉之爲：

獅山頂上望殘霞，眼底無花似有花；一樣留連在海角，應知離本即離家。

（六）思親集、告子書與仙跡巖

五十五年六月十六日，我在何文田寓所內，接到胞妹來信云：

「母親逝世前，腹瀉十多天。臨終時，最念念不忘長孫及長女孫等，爲沒有見到你們最後一面而悲痛。」

當時即成〈天淨沙〉三詞：

（1）雲深水遠山長，夢中時見爹娘；骨肉流離世上，萬方多艱，只求安葬家鄉。

（2）應知最後悲傷，必然如此淒涼，一切何堪想像？感恩無量，若能歸掃坟場。

（3）哀哀地老天荒，日星渾似無光；自是心頭暗暗，究何時亮？夜來惟有焚香。

在九龍何文田街龍文大廈居住，原極舒適，惟從此以後，為長子明雍事，我曾寫了一本書，名《告子書》。為思親之事，我又寫了一本《思親集》。爬上獅子山頭，又爬上獅子山頂，更爬上獅子山巔，再由此一轉，便即轉到了臺灣臺北之仙跡岩。

當時曾先由何文田街搬去先施大廈八樓居住短期，辦理赴美手續。其後終於赴臺灣。先住臺北景美區景仁街八十二巷之三，與憲兒同住。由此赴仙跡岩甚近，遂每日清晨前往。由此更可翻山至木柵一帶。當時我有一親戚羅先生在政治大學任教務長，他邀我留在政大任教。我說：我因為朋友的關係，不能不去陽明山華岡中國文化學院（後改名大學）。那時那裡的園藝系主任需要我擔任，對我而言，是到臺灣來歸本行，我實在是應該歸本行，才合道理，我如何可以老是擔任中文系主任？

同時農復會那時聞我在華岡園藝系，又要我去兼任一個總隊長，帶中興大學、臺灣大學兩處園藝系和華岡園藝系的同學，一同去調查中部橫貫公路及南橫與北橫兩公路沿線的落葉果樹生育情形，以繼續我以往的活動，為期一年。為此之故，我足足忙了一年。可是，我還是居住在仙跡岩旁的景仁街。有一次，我還帶來了五十人同作臺灣兩岸之行，那是六十五年十一月十二日。我還記得參加兩岸回來在景美我家中餐敘，自燒自吃的同學計有劉淑美、邱茲容、連玲聲、蔡龍銘、陳冠州、姚夢萍、劉儷、李莉玲、徐元晶等。我默默中，成了如下二詩：

（一）環島而行現已來，一車滿載笑聲回；偶然相聚偶然散，更使心開又眼開。

（二）自古長沙無限意，勝於秋露滴芙蕖；其中春意知多少？信手寫來成一書。

（七）陽明山華岡上

中國文化大學在陽明山華岡，正式由教育部定名爲大學，農學院由詹純鑑兄擔任，我爲園藝系主任，而實際代詹兄爲農院事，園藝事務，則李伯年君代理，由蔡福貴君協助。

其時實業計劃研究所博士班由詹兄任主任，而碩士班主任則由我擔任。至此，我在臺灣又完全進入科學領域，我寫了《中華園藝史》，《中國農業論衡》，以及《論中國庭園花木》等書。

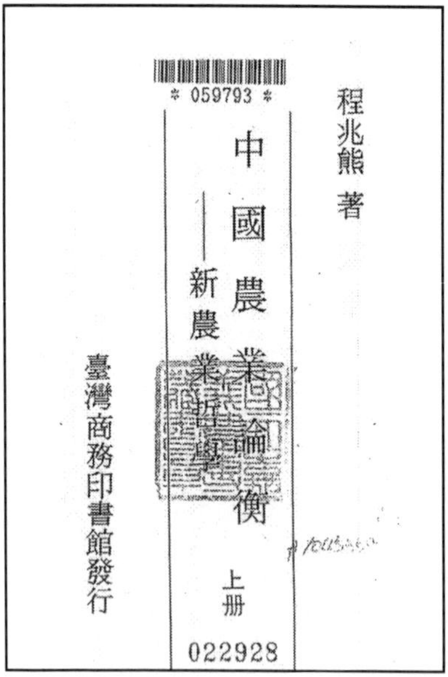

不久之後，詹兄因病逝世，病中猶極力推荐我爲農學院長，並主持實業計劃研究所博士班。其時中國文化大學創辦人張其昀先生，於詹兄逝世後，皆依其意而行。

農學院原在大義館之一角，後搬至大功館。同時，實業計劃研究所農學部，亦在大功館。曾幾何時，吳金贊與吳梓二君之博士學位，即在大功館通過。吳梓君留校，並曾創辦造園與景觀系，以至今日。惟吳梓君本人則爲立法委員不返。又當時協助事務之劉儷與沈珠嫣則早已赴美，目前仍留農院者，惟李明芳君一人而已。而李伯年先生，則已與世長辭。

關於仙跡岩，則自由景仁街搬上陽明山華岡雙溪新村二〇六號樓上以後，已久矣不復前往。目前如何，已是不得而知。惟知仙跡岩，已不復是舊日之仙跡岩。

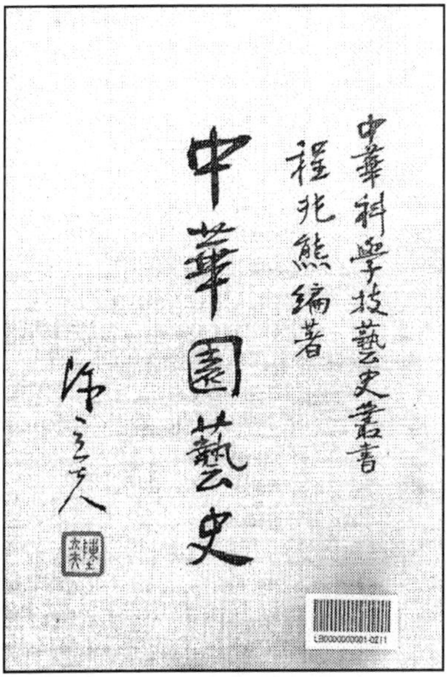

（八）仙跡巖與盤古廟

六十四年七月十三日，偕長女明琤及同學林碧華、邱茲容、黃美玲、蔡龍銘、方宏明與外孫女妞妞等遊仙跡岩凡半日。時明琤母女正由美國回，遊後歸來，頗以為樂。中心藏之，久久不忘。至二十三日，忽成如次三詩，以記其事如次：

（一）不是春遊是夏遊，炎炎赤日正當頭；若非一路清風起，舉足焉能汗不流。

（二）前行行更後行行，仙跡岩邊久久停；已見前山千樹綠，回頭更見後山青。

（三）難得一行雙足健，終能不顧萬山高；年來多少爬山樂，自是無妨屬我曹。

六十七年二月十九日晨間，至盤古廟附近之竹林公祠一走。盤古廟在景美畔，由此行至右側，向上爬去，即景美山頭，與仙跡岩相鄰。竹林公祠亦在附近，自思年來，辜負春光實多，曾題二詩爲：

（一）閒居總覺春光在，不免春來緩緩遊；今日山頭行已遍，桃花只見半枝留。

（二）當日春光遍地來，桃花朶朶滿山隈；春光辜負千千樹，不是桃花半不開。

（九）碧潭與深坑

家居景仁街時，去碧潭不遠，潭上有一吊橋。六十四年農曆中秋時，友人雪冰兄於其所辦碧潭樂園中，舉辦歌唱大會，有歌星五十名，月中獻唱，聲動樹林中，又飄浮水面上。我亦被邀請去度中秋佳節，夜深始回家。遂成次詩，以記其事：

其（一）

時雲時雨又時晴，無數樓臺一水清；最是碧潭今夜月，十分圓滿十分明。

其（二）

橫空吊起一長橋，人在橋頭手在招；五十歌星歌不息，聲聲響澈在雲霄。

其（三）

回頭人又在橋頭，道是橋流水不流；密密樹林穿過去，樂園歌裡度中秋。

其（四）

月映千川更萬千，歸來月復映窗前；光明到此眞無限，自有雙眸望九天。

碧潭在新店溪，其旁可通烏來。亦是一名勝。我爲文化大學農學院長時，曾有一烏來山地養牛計劃，後因事停止，深爲可惜。另一深坑，六十九年七月五日，一人獨往，在翠谷新居，忽覺其境，頗似江西鉛山之鵝湖。憶在鵝湖書院內，居住多年，今於海島千里之遙，無意得之，自是十分欣喜。稍後又偕沈珠嫣、陳冠州、張清標、劉儷、蔡龍銘、蔡福貴、王英哲、黃瑞祥、彭震球教授等，先後來此。彭兄更在此寫文，並宿數晚。我亦曾留此多日，惟終因交通不便，仍居景美，後更搬住陽明山山仔后華岡路雙溪新村二〇六號，然終不忘此翠谷，時曾爲此江城子一詞如次：

由來地久與天長，路漫漫，雲飛揚；

翠谷深深，難得是清閒；
到此應知無限好，
纔放下，即清涼；
眼前溪水正潺潺，兩山間；
境似鵝湖，只不見冰霜！
試問一心何所繫？
炎夏日，水雲鄉。

（十）景美與雙溪

我在景美之寓所，其旁有一釣魚池，池旁更有一長竹園。其終則為一排房屋。無事之時，每散步於竹園內。而有所思之際，或寫作辛勞之餘，亦息於其中，習以為常。民國六十七年九月二日，時正草寫《中國禪學講義》一書，作哲學研究所博士班之用。構思之餘，更於此間，時行時坐，不知夕陽之西沈，以至忘歸，乃成三詩：

其（一）

小竹園中細細思，更無人道是何時；眼前一片青青意，惟有乾坤密密知。

其（二）

小竹園中東復西，誰知此處是吾居？即今獨坐青青裡，舉足誰知歸處歸？

其（三）

小竹園中去復來，一朝風雨綠成堆；果然萬古清涼感，不覺徐徐到草萊。

（十二）歌樂山與安樂窩

陽明山在以往是原名草山，由竹園轉到草山，原本是至爲容易。但在今朝，似此「萬古清涼感」，一轉而爲陽明之山，並爲華岡之地，便不能不有了許多機緣。

最初和最早的一個機緣，可以說是由於重慶出版的《理想與文化》以及在貴州出版的《思想與時代》。這看起來是拉得很遠，但說起來，就在眼前。這就是在謝幼偉兄身上。此在我紀念幼偉兄的文章，寫得很詳細。此外更重要的一個機緣，則在詹純鑑，即鏡心兄身上。謝先生和我同飛機由臺北飛香港，我分明還清楚記得是唐君毅兄親自到九龍機場迎接我們。以後謝先生做了研究所教務長，後來又做了哲學系主任，我則做了訓導長，後來又做中文系主任。爲了這一離開了本行，把自己一生所學所從事的，居然拋開了，我曾戲作一聯，貼在庭前，如次：

天時天命（編校案：命字疑爲「道」或「運」字之筆誤）涵天命；
萬物萬緣寓萬機。

於此，命之與機，眞是一言難盡。我曾爬山爬去臺灣宜蘭縣一帶。宜蘭頗有似蘇州，城中一條河，城外則是由城外頗遠而由山地奔流而下的一條所謂「濁水溪」。那時那溪上沒有橋，建橋也頗爲不易。我有一次是由山地同胞，或原住民親自背我過溪，眞使〔我〕感激涕零。另一次則更是奇特，我居然是乘坐汽車而過，而且我還吟道：

去歲曾逢濁水漲，今來濁水已無踪；汽車走在溪床上，大道原存濁水中。

我又憶五十七年十二月八日時，亦即在我六十二歲時，閱報知直昇機飛香港九龍獅子山救迷途墮崖之青年男女三人，旁晚（編校案：同「傍晚」）開始，至翌晨八時許始救出。今日星期日，乃一人獨行，至獅子山頭，並沿險徑至三青年男女獲救處而回。山行多少年，竟自承認爬山不如我，歸來憶及此事，遂成下詩；凡五首：

1. 偏向獅山險處行，明知失落事非輕；一朝路徑無由覓，縱有呼聲聽不清。
2. 偏向獅山險處行，行來畢竟是平平；只須腳底分清楚，亂石堆中路亦明。
3. 偏向獅山險處行，個中端的是何情？只因險處無人到，草長崖邊似送迎。
4. 偏向獅山險處行，少年遠處欣相候；齊云勝彼少年人，問我行來夠不夠？
5. 我說獅山險處行，今來古往原無數；後踪最貴繼前踪，大道終歸一步步。

但六十二年五月六日乘飛機，離香港，別九龍，因別獅山，而來臺灣臺北時，我更回憶難忘。其時唐君毅夫婦，鄧文林兄，王俊儒兄，梁沛錦同學夫婦等多人送別，大雨傾盆，旋又停息。有如下二詩：

（一）

相憶年年舊講臺，誰知今日有風雷？
終須去國遲遲去，偏欲回家緩緩回。
諸事往如全未往，隻身來似不曾來；
獅山雨是巴山雨，一別獅山雲又開。

（二）

登上飛機飛上天，分明飛到白雲邊；
並無別語留天下，自有離情在眼前；
座內恍聞獅子吼，霧中隱見蛟龍眠；
他年師友重相聚，豈是偶然非必然？

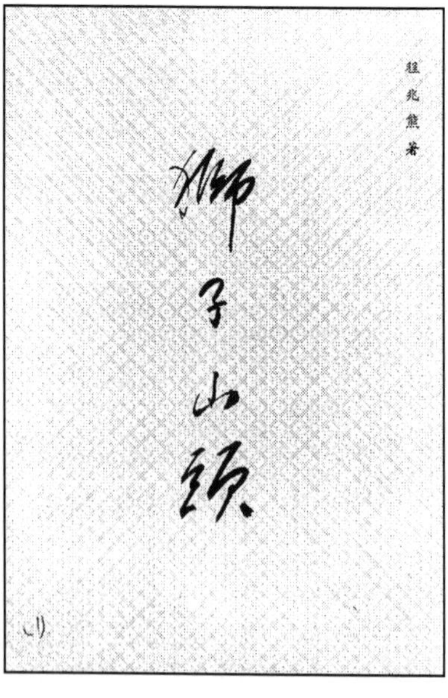

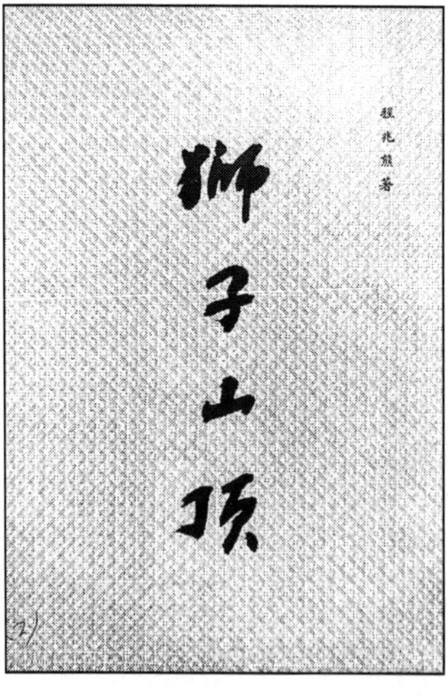

（十二）谷與嗇

此次離港，心中十分難過。由桂林街到農圃道，到馬料水，此即是由白手到新亞書院，到中文大學。而我這雙白手，好得是一雙學農的手，又粗又糙。那眞如老子書中所言：

「知其榮，守其辱，爲天下谷。爲天下谷，常德乃足，復歸於樸。」

又莊子書中，亦有語云：

「造物者之報人，不報其人，而報其人之天。」

當時我在港九，我夫婦帶了六個小孩，在九龍沙田一個小村落中，租了一間小房，而且是一家八口一張床，爲的是逃大難，也爲的是辦一個小小書院。我本來是想辦一個小小農場，可是我在香港是無用鋤之地。同時，就是要用一用鋤頭，在當時的患難相共的師友，也絕對不能容許。而且我還會又如老子書中如次之言：

「知其白，守其黑，爲天下式。爲天下式，常德不忒；復歸於無極。」

在那時候，我像要的是無極，而不是太極，我亦想如禪師們之所言：

「只可空諸所有，不可實諸所無。」

對我個人而言，開天闢地與益壽延年，兩者之間，絕對不能相比。我想來想去，還是延年要緊。多一些時間總更重要些，空間會有的是，天地是大得很，宇宙會是無窮無盡！深根固柢，長生久視之道，照老子的說法，是嗇道。嗇道是一個農夫治稼穡之道，那是一點一滴，治理田地，不急其荒病，而除其所以荒病之道。這是一個早需服用之常道，這乃重積德之道，此亦正是「道生之，德畜之，物形之，勢成之」之道，所謂「人法地，地法天，天法道，道法自然」，正是如此。孔子所說的「吾不如老農」之意，也正是如此。「禹稷躬耕而有天下」之意，亦正是如此！

到今日，我不能做個老農，我也想做個邵康節。我記得我的老父母，偕我長女琤琤隨我胞妹有滋住四川綦江，我由四川歌樂山至綦江，須經過重慶，橫渡揚子江。由海棠溪前往，見春花處處，及省親回歌樂山時，遇春雨驟至，春水中已雜有春花。我曾吟道：

花開連日滿春山，我自看花我自還；任是腥膻留世界，憑茲點綴在人間。
儘聞息息春春動，轉覺悠悠天地閒；春水復臨春草長，春花片片水流間。

我那時，父母俱全，兄弟姐妹無故，住在歌樂山，亦有如邵康節住在安樂窩。由那時的歌樂山，再到今日的陽明山，雙溪新村中，二樓之上，徽已「日面佛，夜面佛」，我則早一柱香，暮一柱香，對著祖堂，現年八十八，已不只是孟子所說的「五十而慕」。加之每晨三時，下山谷，上高山，「知其白，守其黑」，而又「知其榮，守其辱」，以期常德不忒，而又常德乃足。此使我由邵康節的安樂窩，又憶及了金剛坡。此坡亦在四川重慶歌樂山，即歌樂山之主峰，凡五公里，有公路橫過其間。地雖較僻，惟更饒野趣。由此東北行，有一小徑，可曲折至我居住處。余由重慶回家時，每車行至此，即下車步行回家，其時唐君毅兄亦曾攜其文稿至我居處修正，更步行於明月下。當時有詩爲：

花發枝頭滯嶺東，一車今已載春風；青山綠水微塵裡，嫩柳黃鶯大道中；
眼見雲浮天益白，心驚日落地猶紅；慇慇此意彌天壤，我夢無窮抑有窮？

同時，自也會思及康節的如下之句：「梧桐月向懷中照，楊柳風來面上吹。」以及「捲舒萬古興亡手，出入幾重雲水身」。與夫「雨後靜觀山意思，風前閒看月精神」。似此精神，使我夫婦搬到陽明山華岡路雙溪新村樓上二〇六號以後，近二十年中，我每天三時即起，不問風雨，都去到溪邊、溪畔或溪橋，以至越溪，爬上紗帽之山。我是每日幾乎是：

雨後觀山色，風前逐水流；遲遲行大道，遠遠望平疇。

一葉綠千樹，片花黃九秋；南北東西向，行行行四周！

自羲皇以後，一千五百年到孔子，再孔子一千五百年後到邵康節。再由康節，經二程朱陸之後，以至白沙陽明。又猛憶起王陽明如次之吟：

「大道即人心，萬古未嘗改；長生在求仁，金丹非外待！謬誤三十年，於今吾始悔。」

人總須以收斂爲主，此正如陽明所言：

「發散是不得已！」

要收斂，就要：

「爲天下谷，常德乃足！」

要不發散，就要：

「嗇！」

嗇是農夫之嗇，是《易傳》所言：

「安土敦夫仁故能愛。」

此正是以坤能證入乾知，而又儘會是：

「乾道變化，各正性命。」

而且是：

「黃中通理，正位居體，美在其中。」

只不過，在這裡，總難能的，自然也會是：

「暢於四肢，發於事業，美之至也」。

到此時，四十餘年未能回家，自無怪永不可再見爺娘。自己此時已是八十九歲差一日，但仍能長見邦國。清晨三時許，仍能在山頭橋頭，走東走西，見星見月。民國八十三年陽曆除夕日之晨，在陽明山之華崗，下至翠谷更越過溪橋於無路燈星火之危橋險徑中，眞有如印度哲人甘地所言：高明地想，簡單地活！

到第二日清晨，已是元旦，於是發筆，有詩爲：

四十餘年已外在，當然久矣居他鄉；清晨三點去橋上，傍晚一身留草山。

南北東西都了了，歲時月日總閒閒；上天下地長觀看，觀物觀心觀道場。

心念人在高齡，能在高處講學，自是最大樂事。最近曾與性梵法師等赴苗栗公館大壩尖山頂野餐而歸，眞是一大理想。此即是準備在那裡建個佛殿，設個書院，弄個道場，或是弄個茅蓬，都可以。我想：就我目前一切的境況說：我不能不說是「得天已厚」！同時我也可以說「我也沒有虛度時光」。我假如再來一次，我會能夠活得更好更充實，更圓滿嗎？我想我是可以的。這又會很難說嗎？會有誰是解人呢？一個人生，一個物生，或觀生與觀物，究竟會有何兩樣？於此，想到邵康節的〈觀物內外篇〉，又不免再看一下。

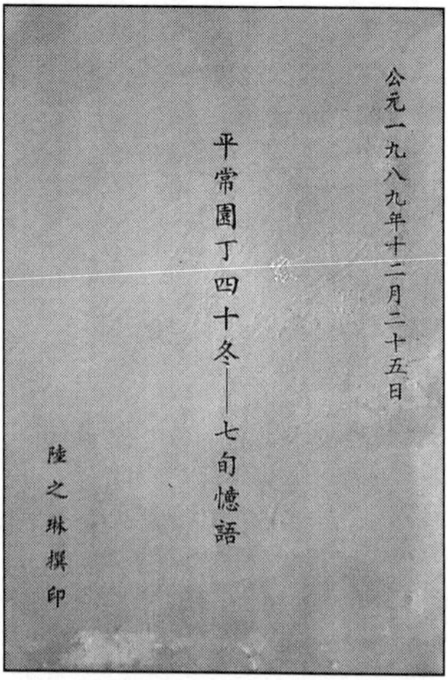
公元一九八九年十二月二十五日
平常園丁四十冬——七旬憶語
陸之琳撰印

這對我而言，我由香港到臺灣，上到華岡，最初是接掌園藝系，其次又兼農學院，再次更兼實業計劃研究所之碩士班與博士班，同時又帶同學調查研究中橫、南橫、北橫公路一帶之山地落葉果樹等園藝資源。當時農村復興中美聯合委員會植物生產之主管陸之琳技正，在其《平常園丁四十冬——七旬憶語》之巨著中，即於二〇六果樹部分記載：

「由國立中興大學園藝系程主任兆熊率領該系師生完成橫貫公路沿線園藝資源調查，歷時三個寒暑假完成。所獲寶貴資料，爲日後橫貫公路榮民農場栽植溫帶果樹：梨、蘋果及水蜜桃之依據。現除清境、福壽山及武陵農場外，尚有山胞及一般人士，從事溫帶果樹之栽培、貯藏、運輸與販賣，從業人員及家屬人數共計約在四十六萬人以上，不僅提供就業機會，並節省外匯支出，貢獻不可謂不大。」

以後中華農學會開年會時，還頒佈了一座「功在園藝」獎。這使寫了不少著作之外，又加上所謂「功勞」。可是好事多磨，文化大學的難得的創辦人張其昀先生不幸逝世，其就如此影響了我農學院長之職。

但另一方面，我亦因此而開了一個哲學的新局面。我不教農學與園藝，而在哲學系哲研所開了禪學與儒道二家哲學。稍後又只開設禪宗與道家二門，儒家又讓出。上學期教禪，下學期教道。每週一次，每次連上二小時。如此由農入哲，由文化大學的大功館轉入大仁館，已是十有餘年。與在香港之由農轉入中文系，頗爲相似：在香港，人家每以爲我是學文學，目前，則每被認爲學哲學。實則，我以哲學逍遣時光，亦正中下懷，並正可延年益壽。

我對先秦儒家，每稱之爲性情之教。我有一本書，名《儒家思想——性情之教》。如此稱呼，我實是用心良苦。我在此書前言中，寫了很長的大篇，共分十五大段，在第十四段中，附了如次的一首長吟：

天涯原不可逍遙，紐約街頭雪亂飄；
片片何曾他處落，層層難問幾時消！
這般世界難言說，者個墻頭有素描；
慚媿行年將八十，親恩未報一絲毫。

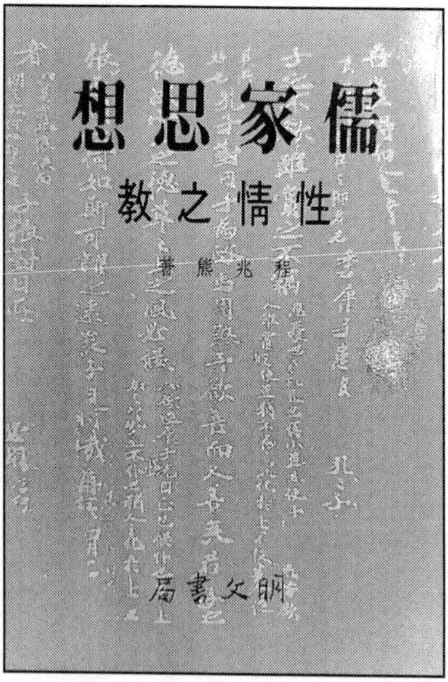

時光越來越快，目前已是八十九了。在性情之教，寫了之後，接著就是生命之學，這一生命之學，本應是屬於我所寫的《新農業哲學》，早已在臺灣商務印書館出版。在美國，有的地方的大學農學院，稱為生命科學院。這因為農學院全都是與生命有關的學院。但在我們這裡，在東方，在中國，在古神州之綠野，在全是「道法自然」之國土，把它歸之於道家，歸之於老莊大義，卻更為妥當。我教了性情之教，教了儒家，接著又教了道家哲學。

王龍溪有言：「聖學明，佛恩益有所證。」在中國之有叢林之慧，自然會是一個必然，這就是禪宗。於是性情之教，生命之學與叢林之慧，三者合而為一，此即為真正的中國文明和中華文化，由伏羲、神農、黃帝，到堯、舜、禹、湯、文武、周公、孔子並一直到今日的文化文明，以化成天下。亦即人文化成天下者。至此，中國文化當更有其全新之意義！而個人自離開並且丟棄了古「鵝湖山下稻粱肥」之後，流落在外，到如今，總無時不想再來一個鵝湖。我寫了「鵝湖書院」四個大字，要一位學生刻了一塊牌子，放在我自己的客廳裡，以表明我到而今實在不能忘了鵝湖，我又寫了一首長詩：〈在颱風中問（編校案：原寫「憶」字，畫掉改為「問」字）鵝湖〉，有如後述。人到晚年，在這個地方，眞是有言難說。我埋頭一連寫了一套「鵝湖書院叢書」在明文

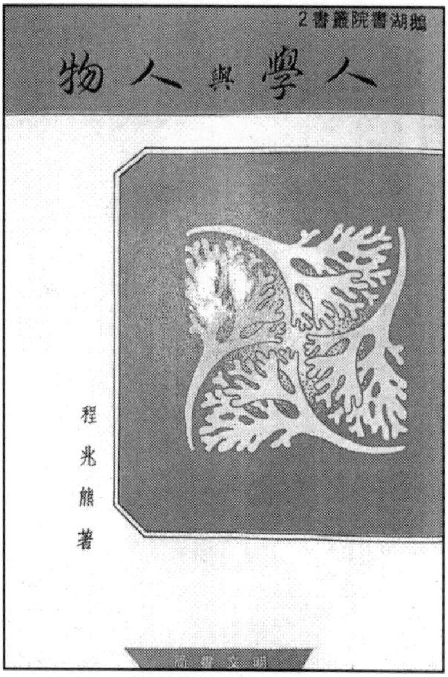
鵝湖書院叢書 2
人學與人物
程兆熊著
明文書局

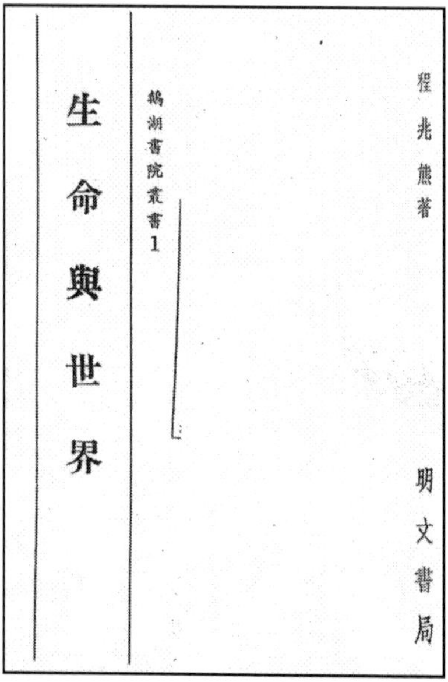
生命與世界
鵝湖書院叢書 1
程兆熊著
明文書局

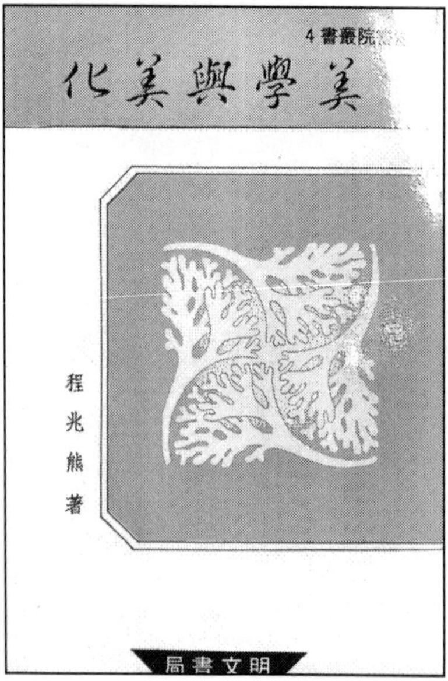
院叢書 4
美學與美化
程兆熊著
明文書局

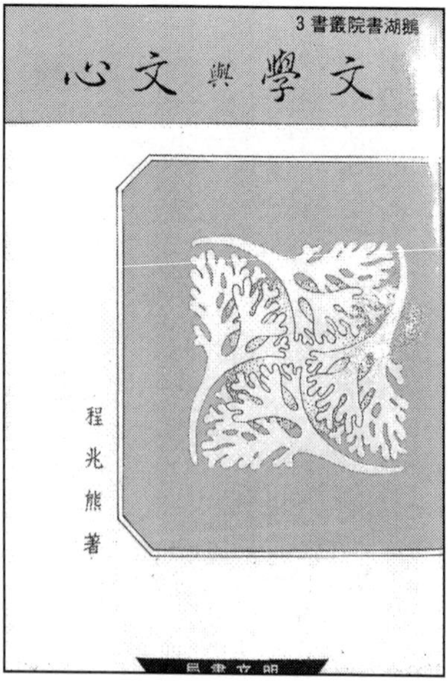
鵝湖書院叢書 3
文學與文心
程兆熊著
明文書局

書局出版，眞可謂是明了文化文明了。鵝湖書院第一件所著重的事是生命，所謂生生之大德，我出版了一本《生命與世界》。第二件所著重的是人，我隨即出版了一本《文學與文心》，和一本《人學與人物》。第三件著重的事是美，於是又出版一本《美學與美化》。接著更連寫了《儒家思想與國際社會》（編校案：在此當爲《儒家教化與國際社會》），《四書大義》，《五經大義》，《道家思想——老莊大義》，《儒家思想——性情之教》，以及其他相關的書本。最近我更寫了《世道論衡》，《世運開啓》，《世紀頌吟》，與《華岡翠谷》和《山川草木外》，

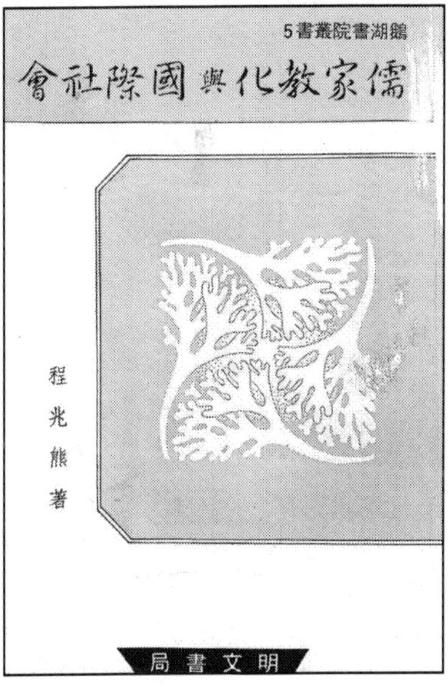

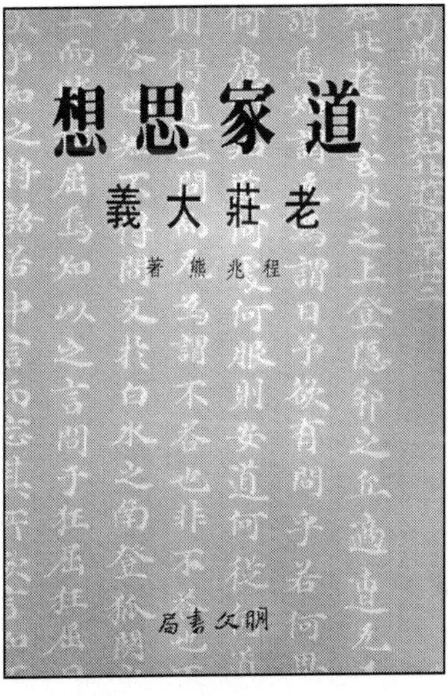

《四海之外》等，正將繼續予以出版。這都可以記念鵝湖山下稻粱肥的鵝湖書院，順帶也一併說一說我的晚年。我多時居住陽明山上，一早三點鐘就起床爬山，先下華岡，再越過溪橋，爬上紗帽山上。然後又回歸家中，洗足洗身並洗衣服寫日記。如此生活，雖然不能是「夕陽無限好」，但畢竟不能算是「近黃昏」。我總覺我還有不少的事須要做，同時我還有不少的書等著寫。我的《中國禪學》一大本，我教博士班的講義應用著。最近大陸還用簡體字翻譯發行了，我希望我自己也可以用來，作一己延年益壽的日常功課。我希望能一如古禪師們所言，「只能空諸所有」。現在我的太太是八十五，我是八十九，加起來是一百七十四。我是一個儒者，她是一個佛徒。儒釋道，三者儘可以天下一家，有如《易經》所載：「乾道變化，各正性命；保合大和，乃利貞」。

我的師友們，目前已是差不多都「仙逝」了。老輩的四先生，以及錢先生（賓四）等去了，同輩的許思園，謝幼偉，唐君毅，徐復觀等先生，也早相繼去了，最近牟宗三先生也去了。去了去了，這眞是逝者如斯夫！我每日清晨三時即起床走去橋頭，我默念著：

逝者如斯夫，已非前水在；

未之思也矣，應是故人來。

這眞是今古相同，中外如一。有何言說？錢先生出殯時，總統府主持，覆國旗有四人，我亦是其中一人。牟先生本年四月十四日去逝，竟只是一個鵝湖出版社出面主持，我被聘爲一治喪委員，逝者如斯夫！

輪到第三代，我的外孫女名叫妞妞，在美國是很好的醫學博士，最近又繼現任任好萊塢電影編導之孫女珊珊，也在美國結婚了。徽去美國參加婚禮，我獨居家中，了然一身；更只有出則爬山，入則煮飯。其中飯味，可想而知。

曾幾何時，又是民國八十五年，亦即一九九六年。我算是九十歲了。在陽曆年元旦一早起身，我直下溪畔，纔下樓到路邊，腳一滑，便全身撲倒，兩手著地面，滑全身，滑了一段路，一時扒（編校案：同「爬」）不起。但好得緩緩起來時，一隻手掌心中，陷入一粒小沙子，全身竟全是好好地緩緩而歸，眞謝天謝地。

年初幾天，我在陽明山頭，尋夢溪邊，有一個早晨，谷風很大，我正在風口，竟被風吹倒，也好得一手撐住了大地，沒有跌傷。此使我對著金鼠之年，另有一番感覺，不似對著乙亥金猪。

很久未接翁玉林君的信，最近他自美國研究地球科學處來信，信是一首五言詩。其詩云：

大地億萬年，已非舊山川；秋月逐春風，滄海催桑田；
撫今知往昔，比類求根源；碧水紅塵外，終識返故園。

他的詩題是「全球變遷」，此詩正可和我前面所寫的〈颱風中問鵝湖〉一長詩參看。

突然來了一電話，三媳婦由美回臺，在一個下午到家。來談家事。家事一談，就是幾個時辰。夜睡不甚安，早起未天亮，就跑去溪邊，見圓月，眞個是如此良夜。早點後，去前山坡，轉到一個教堂中，見到一處教門畫，在曠野。遂更想起了宗教，擺在眼前的有儒佛道耶回，有如孩時之對動植礦理化。宗教世界之爲多樣，亦正如科學世界之爲多樣。於此，簡單化，純一化，又圓，又頓，止止，中中，休焉，遊焉。

這時候，九十歲了，應該挺身而起了。兒女大了，孫兒女也大了。眞不知道十年之後又果如何？但信念和信心，以及計劃和策劃是要有的；世道論衡，世運開啓，世紀頌吟，總是要有的。由此成了《九十自傳》，必然會有一個家國天下的遠景，休焉，遊焉，總須得一個十年計劃。雖然一切要毋意，毋必，毋固，毋我；但「七十從心所欲不踰矩」，總須得在計劃之中。

陽明山上，又夜臥陽明山中。如此良夜，又明月窗前，正對太平洋邊。忽於晨三時睡醒，不能再睡，乃又起來爬山。爬是對月而爬，爬上爬下，爬左爬右，而月色則漸漸濛瀧（編校案：類同「朦朧」），有如落日，但非全紅，故非落日。是朝是暮？似暮似朝。朝朝暮暮，暮暮朝朝。就如此成了千古，成了萬世，萬古千秋，千秋萬世。不知不覺之間，又是旭日東昇了。正好，我的長孫中鵬由香港到了臺灣來看我夫婦，並向祖父母拜年賀歲。我於是乘此機緣，將自己的少年時代：在讀大學時，我的老家因為匪禍，我只拿了幾塊銀圓，即由家鄉到上海，又由上海到廣州。在此之前，我住在南京成賢街中央大學旁一個割肝祠內，在此祠內，我曾有一好友熊敦兄由此跳入附近的南京玄武湖中，自殺身亡。當時我曾有一長詩名〈哭玄武湖中的亡友〉，刊於魯迅所編的《奔流》月刊中。到了廣州，我考取了黃埔軍校，又考取了中山大學。因黃維兄之資助，我進入中山大學物理系。我原本想做一個物理學家。但又因家貧而在黃埔軍校兼任教官等職並參加戰爭之故而休學一年，以致轉入農學院，並從此去南京在一家小書局工作。工作之餘，又創辦了一個《國際譯報》。而且夫婦二人同船去法國巴黎，生育了三個小孩回祖國，並得了巴黎大學文學博士及凡爾賽園藝學院的工程師。回國以後，又創辦一個《自強日報》。迨至雲南昆明參加收復滇越鐵路以後，又回到故鄉江西在鵝湖書院中辦了一個農學院。

當時友人許思園，唐君毅，牟宗三等俱在南京中央大學，再老一輩的有宗白華，方東美，汪辟疆先生等。不久之後，許思園兄，乃無錫人，在太湖旁，於是又邀請錢穆先生，唐君毅兄等合辦一江南大學在太湖之濱，與江西鵝湖遙遙相對。於是我亦來往於兩湖之間，而君毅兄更曾一度兼任鵝湖之訓導長。曾幾何時，大陸變色。我直從上海，乘最後一架運輸機，直飛臺灣，而君毅兄等則乘坐火車直至香港，我妻及大小六個孩子，則由鵝湖先乘火車至湖南長沙，再由易慶章送至香港。以後更由我從臺灣來香港全家相聚，只父母仍陷於老家三板橋。

在香港時，我最初曾與君毅兄夫婦及錢賓四先生同留居王淑陶兄之華僑學校內。君毅兄夜臥呼天，我則一家八口一張床，賓四先生則獨居安然。天亮了，每和我等在沙田一帶商量有所企圖，只好再來一個書院。於是我們就決定籌設一個新亞洲書院，後改名新亞書院。初設於九龍桂林街，後搬去九龍農圃道六號。當時因種種因緣，竟獲與美國的耶魯大學合作，由耶魯大學資助，爲我們在農圃道上建築一間規範可觀的校舍，學生也較以前多了很多，同時還有研究生。我記得最初招生，總共只有二十幾名，大家在校務會議時，頗有點悲觀。後來還是由我報了一些鵝湖書院的情形，我說我在鵝湖，最初也正是一樣。以後我還因學生的源源而來，還打算辦大學呀。我報告完畢後，就自請赴臺灣與澳門兩處招生，以後我由臺灣與澳門招了不少學生，情形完全兩樣。從此以後，新亞會儘有其來日，我們肯定了，只是以後，新亞、崇基、聯合三個書院合成一個大學，和香港大學相對而立，惟以中文，中國文化和中國人爲著眼點，稱爲中文大學一事，則全未想到。至於我個人此時已是中年，以前在國內辦了一個《國際譯報》，又辦了一個《自強日報》，一個鵝湖書院，不料在國外流亡時又有了一個書院，眞是有了四喜。今則年已九十。刻據丘正歐兄言其友彭君年已一百零二歲，正臥病在家，子女分在各處，孓然一身，總不願瞑目而逝。眞是難言一切，一切難言。

忽然報載，人瑞彭精一先生逝世消息，於此亦可見彭人瑞終於瞑目了。

人瑞瞑目，天帝教成。友人李玉階先生，多年前曾特邀請我在臺北市一個公共場所講演。於今，他完成了他的天帝教，他年九十多歲也就歸天了。

我今亦是九十歲，在字紙中，竟覓得一己所寫如次之詩句：

（1）四十年來家與國，真如東德與西德；祇思論調儘相同，自是圍牆無可折。
再思亦不似波匈，其實亦難如捷克；提及羅馬尼亞時，橋頭溪水連天白。

（2）由來時序太匆匆，四海於今早困窮；野果殘存溪澗畔，家猫横臥坦途中。
悟道聞聲終恍惚，明心見色總濛瀧；全身濕透思龍馬，畢竟吹來一陣風。

又念世道論衡事，在小時，就接觸到貴溪象山書院和圓明寺，又接觸到南昌繫馬樁和聞到一口吸盡西江水。再下去就一直下到廣州文明路，東山，西關與黃埔。此後就是南京石城與杭州西湖。接著是巴黎與馬賽，以及抗戰期間的奇遇與奇迹（編校案：通「奇蹟」）。再下便是國光路，忠義横巷。接著便是：景美景仁街，翠谷山莊，陽明山，仙跡岩，雙溪新村等。由此夜夜望到到彼岸，朝朝越溪過橋，走到第一展望臺，又到佛崖，並到紗帽山下層，上去又有一座隱廬。隱廬破敗，猶有一位四十幾歲的男子漢，潛居其中，他說：

「我在這裡修行。」

我於是立即回到家中，拿取《論語》，看了「雍也可使南面」一篇。其知人論世處，真是古今如一。當仲雍問：「子桑伯子」，孔子即說：「可也，簡。」時，仲雍即說：

「居敬而行簡，不亦可乎？居簡而行簡，毋乃太簡乎？」

於是孔子立即承認：「雍之言然。」

當唐君毅先生在世時，我有一次由臺灣爬中央山脈玉山一帶回到香港時，他對我說：

「你做到了簡單化三字。」

我聽了默然無言。

忽又到了母親節，三兒夫婦自紐約寄康乃馨花束來，憲兒夫婦親攜一大蛋糕來並攜一小女中萱來，此外裘曙舟父子二人又來，大家談談，竟難休歇。人到九十歲，居然談話都十分吃力了，夜眠數度起身，方知我年已老，猶遠在他鄉。窗前仰視天空，不見星月，晨四時外出，直至溪邊，又至橋上。緩緩歸來，到家時，又是早點時刻。曾戲作如次一聯：

彼岸，香山，佛住；
華岡，翠谷，仙居。

忽於書箱中尋得《孟子》一書，書中有如次之言：

「萬物皆備於我矣，反身而誠，樂莫大焉；強恕而行，求仁莫近焉。」

行年九十，自是不易。「逝者如斯夫，不捨晝夜」。「萬物皆備於我」，果然果然。只是反身而不能誠知，處世而不能強恕，眞是無可如何。連日以來，種種事，總是看不慣，身心不能安頓，眞不知何以至此？早就有人說：目前是新的戰國，更有人說：現在是新新人類，眞不知「何以觀之矣」。我最近寫了一本《爬山哲學與禪思》，可是大足指腫痛起來，醫生說：

「這是吃多了豆子，這是痛風！」

這樣又無由爬山了。

又想起了孟子「必有事焉而勿正，心勿忘，勿助長也」之言。於此，我會有多少「勿忘勿助」的功夫要做，眞個是難言。已是九十歲了，足趾痛風，實在是小事，但目前在樓梯下，不料頭頂又忽然碰到了石梯，流血不少，徽爲我洗了血，紮了起來，成了傷患，並且帶傷上課，如此數日，精神頹喪。只是早晨一早起來，仍是向溪畔行走，夜晚仍是早早睡眠，窗對太平洋，可以看到海。我久居陽明山上，眞有如高臥在大海船中。目前在此，差不多已是二十多年了。這眞像是一海上仙居，蓬萊仙境。但我又畢竟不須仙境，而須重回年少。果然，我的頭患好了。我想我由痛風到頭患，從下到上，從頭到尾，我都須要勿忘勿助，只是當我看到其他處所，又不免總有時看得睡下了。以前程伊川說：《孟子》對《論語》而言，不免有點英氣。這英氣頗有些害事。目前我已是九十之年了。萬物難道還不「皆備於我矣」了嗎？我還是寫下了我的一首〈天長地久歌〉如次：

1. 天長地久久悠然，人自頂天立地間；
2. 此是天心與天理，由來至聖又至神。
3. 眼見世人臨世末，心思天理在天邊。
4. 裁成天地有大道，輔相地天宜至尊。
5. 莫道天邊天理遠，終須人世人情眞！
6. 同理同天又同地，至聖至神連至人！
7. 到此一般天與地，滿山更是聖和仙。
8. 任是東西南北走，何妨上下古今傳？
9. 山下長歌天上曲，山頭更飲石中泉。
10. 天長地久無窮盡，地厚天高不可宣；
11. 地中有地無從覓，天外有天豈能言？
12. 天天地地圓圓月，萬萬千千步步禪。
13. 天長斷斷無長恨，地久明明喜永年；

14. 日暖花香人健在，黃帝神農伏羲前。
15. 明暗都須還天地，天長地久總綿綿。
16. 天長地久原久久，大中至正更誠誠。
17. 太極原始即無極，道紀終須能貫穿。
18. 抱一終爲天下式，復命知常歸本根。
19. 日月得天能久照，四時變化方圓成。
20. 天地聖人以順動，焚香崇德配祖先。
21. 自有天時和地利，終須求缺方求全！
22. 天公地道人和氣，伏羲神農一氣連。
23. 日月兩輪天地眼，乾坤二卦易簡文；
24. 執古之道御今有，古始道紀今已焉。
25. 人地天道自然法，千千萬萬萬千千；
26. 天長地久久久久，有無玄玄玄又玄。

自念歌罷天長地久之歌，一己已是九十之歲，此後歲月，究應如何?究會如何?這是可以想，又儘可以不想。我女琤琤，遠在美國華盛頓首府，說要回來爲我祝壽，我自是十分感激。猶憶她小時吵鬧，無可如何時，我每每把（編校案：「把」疑爲「抱」字）她坐在高高的板凳上，她無法下到地上時，就不哭了。我有四男二女，她是長女，排行第二。人家每說我是：二，四，六分明，像是做詩。說到這裡，唐詩云：「人生七十古來稀」，我今已年高九十，更是自古少有。人家都說我要保重，但我總不免日日爬山，爬山是我的功課。我要保重，就要爬山。近日臺中市有《蓮花海莊嚴世界》雜誌特將我的「清平，平平」的爬山文，予以刊載，頗能明此心境。

我每日一早爬山，大都在每晨三—四時之間。有時往來都見明月，並往來於明月之中，而此明月，復有圓，有未圓，總是難說。人在一早起身就向溪畔，一直走下山時，其實是下谷底，那裏會見山頭？我之所寢，就在山頭。我正在就寢時看到太陽沉於太平洋之一側。我起見月圓，臥見日落；日落月圓，如何不樂？一睡而醒，又赴溪畔。溪畔，橋畔；橋上，佛崖。忽念邵康節與周濂溪。古之人，古之人兮！

由此又念「萬物靜觀皆自得，四時佳興與人同；道通天地有形外，思入風雲變態中……」眞不知古之人，古之人，如有朝有日，又俱屆九十之年，彼此相見，又將奚似？今晨我去到溪畔，又到橋頭；來往之際，道旁又見加冬古樹。歸來又想作一加冬之吟，這眞是所謂：

「皮膚剝落盡，留取一眞實！」

今晨一早，更至橋畔；想起加冬樹，便不覺吟道：

道旁有一加冬樹，仍無葉綠只留枝；
全憑主幹埋泥土，旭日東上又落西。

於此加冬樹下，我猛然想起了我們的一個傳統文化，又猛然想起了我們的一個有機農業。二十一世紀的到來，要看中華民族，主要的還是要靠這兩個至寶！如此必萬善同歸。

國家圖書館出版品預行編目資料

九十回憶 / 程兆熊著. -- 初版. -- 新北市： 華夏出版有限公司,
2023.04
面； 公分. - -（程兆熊作品集；010）
ISBN 978-626-7134-78-8（平裝）
1.CST：程兆熊 2.CST：回憶錄

783.3886 111020876

程兆熊作品集 010

九十回憶

著　作　程兆熊
印　刷　百通科技股份有限公司
電話：02-86926066　傳眞：02-86926016
出　版　華夏出版有限公司
220 新北市板橋區縣民大道 3 段 93 巷 30 弄 25 號 1 樓
電話：02-32343788　傳眞：02-22234544
E-mail　pftwsdom@ms7.hinet.net
總經銷　貿騰發賣股份有限公司
新北市 235 中和區立德街 136 號 6 樓
電話：02-82275988　傳眞：02-82275989
網址：www.namode.com
法律顧問　呂榮海律師
台北市錦西街62號 電話：02-25528919
版　次　2023 年 4 月初版一刷
特　價　新台幣 280 元　（缺頁或破損的書，請寄回更換）

ISBN-13：978-626-7134-78-8
《九十回憶》由程明琤授權華夏出版有限公司出版繁體字版